Robert the Bruce — a Scots Life is a sympathetic, but critical, account of our hero-king for younger and new readers in the Scots language.

No man was more deserving of being known as a hero than Robert the Bruce. His life can rightly be viewed as a triumph of will, guile and courage. Like his contemporary William Wallace, the story of his life is intimately connected to Scotland's heart breaking struggle for national survival.

Robert the Bruce — a Scots life is an honest and unpatronising telling of his story. It continues Scotland's story where its companion volume *William Wallace — a Scots life* ended. Following the style of this series it concentrates on the broad sweep of his life and achievements, always seeking to correct myths and misconceptions.

It is written in Scots and is the first work on Bruce to be written in that language since Barbour's *Brus* in 1376.

Robert the Bruce

the

A Scots Life

Glenn Telfer

Series Editor
Stuart McHardy

Argyll
publishing

First published 1996
Argyll Publishing
Glendaruel
Argyll PA22 3AE

British Library Cataloguing-in-Publication Data.

A catalogue record for this book is available from the British Library.

ISBN 1 874640 52 1

Origination
Cordfall Ltd, Glasgow

Printing
Caledonian International
Book Manufacturing, Glasgow

for Rory

Wi besr wishes

[signature]

21st Oct '97.

Scots Legends

The success o the first wark in this series, *William Wallace — a Scots life* reflecks a cheengin linguistic scene in Scotland. Nae mair cin fowk get awa wi disparagin Scots as some kin o ill-spoken dialect o English. Onie language that wis yaised, spoken and written, in Scotland's Parliament an Law Coorts, in oor palaces an in oor poetry his nae need o justification.

Oor schuils nou include Scots as pairt o language classes in the 5–14 curriculum an oor univairsities are expandin thir teachin o Scots an aa. Jist as it suid be — efter aa, it's the tung ye hear when ye gang thro the streets o Scotland's touns and cities, in Aiberdeen or Ayr, Banff or Buckhaven, in the glens o Argyll an the streets o Glesca.

Apairt frae Scots language noo being taught in

schuils there is a review takin place o how we learn
our bairns aboot thir ain history in the classroom. It
is here that the true warth o the Scots Legends Series
is bein seen. The Assistant Director o the Consultative
Curriculum Council for Scotland, Robbie Robertson
his gien heich praise tae the series fer "its retelling of
really important parts of Scottish history with great
panache." An whit better wey fer bairns tae learn o
thir ain history than thro thir ain first tung?

There are monie grand an heroic figures in oor past
an this series ettles tae gie ye thir stories in the leid
that sae monie o them spak themsels — Scots.

Apairt fae aa that, the series, we hope, introduces
the Scots language in a wey that folk can readily
unnerstaun – writin buiks that cannae be read
woudnae dae oor subjecks the justice they deserve.
Nor wid it mak the language as popular, as weel yaised
and enjoyit as we hope these buiks will be.

Stuart McHardy MA, FSA SCOT
Series Editor

INTRODUCTION

In aa the stories o heroes and
kings eer written or tellt even
the maist fantastic coud
scarcely match the real story o
oor king Robert the Bruce.

I believe that it is impossible for a Scot tae write a
truly neutral biography o Bruce. For it is a story dense
wi meaning for us today. Whiteer ye believe Scotland
was, is, or shoud be, finds a connection wi the days o
Bruce and oor fecht for liberation frae England. For
me, Bruce is a hero. His story has nae meaning for us

except as an heroic and patriotic tale. This is the viewpoint I intend tae tak in writing it.

But this doesnae mean that we are reduced tae peddling myths and dark chauvanist rantings. It is still possible tae be fair and scholarly and honest. It is true that this intention leads us tae lee aside the events o massive importance in lyff — the loves, the births, the daiths. But we hae nae choice here for the information we want, like Bruce's smile, are foreer gane.

Also lang gane is the type o Scotland Bruce grew up in. That vast, wild, quiet place. Whaur gey hard wark was nae insurance against the cruel haun o fate bringing disease or famine. Whaur people wer independent and proud. A country whaur people looed their king. Indeed, haein the same king was important tae the mongrel variety o people thinking o themsels as Scots at aa. People wer hard heidit realists but also believit in speirits and goblins. Kith and kin, allegience tae a lord, God's will, duty tae yer ancestors; these ideas mean little tae us noo but these wer the ideas that held oor ancestors' society thegither.

But nae maitter how alien oor ancestors' lives and their society seems tae us noo, we maun mind that people dinnae change. Through history they are aa the same. They are motivatit bi the same things as us. Ken delicht and despair as we dae. Find pride as we dae. Are generous or mean speiritit bi inclination, as we are. We dinnae need tae worry whither human

the Bruce — armoured and ready

nature operatit differently in the Scotland o Bruce's day. We find oor ancestors in oor ain minds, as we find their faces in oors. And they woud recognise muckle o themsels in us. Us, their children.

Strictly speaking, the title Robert the Bruce is nae correct if it is meant tae be a rendering o his name. Bruce's name is de Brus in French or jist plain Bruce. But plain Robert Bruce is jist too ordinary for sic a king. I hae stuck tae 'the Bruce' because it has a lang pedigree, it distinguishes oor Bruce frae his faither and grandfaither wi the same name, and we Scots like the definite article, we like oor 'the'.

But cam; it is a mirk January nicht. The air's chill is warkin its wey alang yer banes. In front is a sea moat and ayont it the castle waa. The cauldness o the wattir finds nae wirds. Let us draw oor swords thegither ma freens and meet on the faur side. Separate but united.

ROBERT BRUCE AND HIS FAIMIY

In Robert's early life we find the
foondations o his decency and
courage.

Horses and swords, forests and muirs, a zoo o siblings,
a riot o languages — Gaelic, Scots, French and a bit o
exhibition Latin for the visiting Bishop. Shrines for
sancts and the noose for sinners. Wild boars, wild
mountains, wild weather, wild company. And abune
aa, the absolute an constant presence o God.

Robert the Bruce was born in Turnberry Castle on
the Ayrshire coast on 11th July 1274. He was the first
born o five brithers and five sisters — Edward, Neil,

Thomas, Alexander, Isabel, Christina, Maud, Mary and Margaret. The Bruce weans also had an aulder step sister bi their mammy's first mairriage. Usually the auldest child o a faimly is the maist serious and the maist driven. Some neer stop being the big brither, they're the yins that mak the rules. They can be ower-conscious o their parents ambitions for them and neer really escape frae the expectations o ithers.

Robert was born intae yin o the greatest noble faimlies o his day. Built intae his lyff frae the moment o his birth was a vast and invisible web o expectations and obligations. He woud hae been very aware frae an early age o his position as heir tae vast estates and a noble title. His lyff woud be the maist constrained bi circumstances. Afftimes he maun hae envied the freedom enjoyed bi his wee brithers.

It woud hae been a busy hoose — whit wi the children, vast armies o servants, bodyguards and warkers. People woud aye be camin and gaein and, as was the habit o the land, hospitality woud aye be laid on. Churchmen, nobles, pilgrims, officers o the king — visitors woud be arriving frae aa ower Scotland, perhaps as pairt o a langer journey tae England or Ireland. There woud be visitors frae England and Ireland and Norway, even frae France and Flanders. And there woud be return visits tae their faimly aa ower Scotland and mair rarely tae their properties and faimly in England. Aa o Robert's sisters and brithers woudnae necessarily be hame aa

young Bruce and his brithers at play

at yince, for it was the custom then tae foster bairns tae freens and relatives an receive their bairns in turn.

We hae nae modern equivalent o the auld nobility that Robert was born intae. This can lead us tae underestimate their importance. They wernae the toffs o recent memory wi their cream teas, eccentric habits an even mair eccentric accents. But high energy people. Tough and able. Certainly they enjoyed the fruits o whateer society coud offer but they wernae far frae suffering either. They wer still close tae the soil. They still had muckle o the hardness in their blude that had brocht them the winning o the land in the nae sae distant days o their ancestors. They wer the hub aroun whilk aa o society's activities occurred. Their presence providit stability. They set the standards and limits, managed, supervised, punished, rewardit and protectit.

Originally the Bruces wer followers o William the Conqueror wha won England bi force o arms in 1066. They had then cam tae Scotland on the invite o the Scottish king. This happened a hunner an fifty years afore Robert was born. It was faimlies like the Bruces that had been changing Scotland frae a place wi habits rootit deep in the tribal Celtic past tae yin luikin mair tae Europe and finding new weys o worship, new weys o running things and makin a living.

But change seldom runs jist yin wey. And ower the years the Bruces and their ilk had taen on the language and manners o Scotland. Eftir a hunner and fifty years they wer pairt o the wide diversity o fowk that caaed themsels Scots. Mair than maist, the Bruces had maintained their connection tae England — but ye find in yer hert there is jist yin place caaed hame. The Bruces wer big, they wer international, but bi mairriage and upbringing, daily lyff and language, they wer Scots.

The natural language o the nobility that had emigrated tae Scotland in the twelfth century was French. French maintained its prestige and speaking it was whit marked oot the noble and educatit frae the commoner. Robert woud certainly hae spoken French. But the Scotland o Robert's day was a country wi mony leids. The Bruce's ain land was in a pairt o Scotland that was a frontier atween the Gaelic speakers and ithers wha spoke the form o English that was later tae be kennt as Scots.

Bi this time the English language had becam the universal language o Lowland Scotland but the Gaelic tongue was still strang and ower the years had effortlessly introduced itsel through intermairriage frae Scotland's native Celtic faimlies intae the emigrant faimlies. Robert woud hae been marvellously trilingual. We can imagine aa the young Bruces agreeing and disagreeing in a library o languages and styles. If Mary correctit Edward in French, he woud reply in Scots. If the sisters coud tease Alexander better in French, they woud choose French. We can imagine their schule-maister despairing o French accents made wild wi Scotch inflections while they whispered thegither in Gaelic.

Wi foreign contacts and travel and tutoring and aa the ither benefits that wealth can bring, Robert's early lyff was yin obviously rich in diversity wey abune the average. But we maun no mak the errour o confusing wealth wi luxury or indolence. The discipline o Robert's later lyff maun hae had its foondation in his early life.

His early days maun hae been active and demanding. Some skills, like riding, he woud hae learnt as a maitter o coorse, ithers woud require mair application. And chief o these woud be the knicht's skills o horse and sword. The yaise o the lance, bow and arra, shield, dagger, battle-axe, war-hammer — cruel weapons for an aften cruel age. The yaise o sic weapons had tae be made instinctive. The discipline that this training required went faur ayont a wee laddie's liking for playing at sodgers. Robert, as events wer later tae shaw, had an aptitude for this training and mair importantly the will tae turn these skills intae an awesome pooer.

Nae muckle o whit the Bruce bairns learnt woud luik aa that like a schule lesson tae us. Perhaps only a priest teaching them tae read and write in Latin and mibbe French woud see them sitting at a desk wi a slate an and auld nail as a pen. The ability tae read and write was a specialised and rare skill in those days, but it was spreading. The nobility, though, usually employed someone tae tak charge o the writing o agreements, letters and inventories. Mony wha learnt the skill in their schule days may hae foun it wither ower the years for want o practice. Mibbe this happened tae Robert or perhaps nae, due tae his desire tae read the scriptures and prayer bukes.

There is yin thing o supreme importance when considering Robert's early life, and indeed aa people frae this age, and that is their belief in God. This was deep and absolute wey ayont oor ken, wi a corresponding respect for the church and its offices, if nae aye for the priest himsel. In Robert's story, in the story o oor ancestors' struggle, this belief was the single maist important source o oor ancestors' strength and solace. We maun neer lose sicht o this.

And anither thing, we are aye struck when luikin back on somebody's lyff bi how like the bairn the adult is. People seldom change personality. Tae be generous and honourable, as Bruce was, is tae be sae bi nature. We ken the young Bruce frae the adult he was tae becam. In that wee laddie we find the makins o a great man and a great king.

Whit we find is clear and true ayont doobt — a boy wi a generous speirit aye ready tae forgie and forget, wi a sense o purpose forged frae steel, hardy o limb, prood, honest, sincere, wi oor ancestors' famous ability tae get on wi lyff and nae girn aboot whit cannae be changed. Wi a bravery composed o a potent combination o Norman hardness, English coolness and Celtic fire. He was shairly a lover o the hills and muirs, the forests o oak and elm, and the pine and birch in the high country.

I see in ma mind's ee the children riding roun a loch eftir a Latin lesson, 'Last hame is a scabie dug!'

THE ROAD TAE WAR

The daith o the King o Scots
and then his heir, the Princess
Margaret, stertit a process the
whilk led aa the wey tae
war wi England.

When Robert's grandfaither, auld Robert Bruce, Lord
o Annandale, was a young man, the King o Scots,
following the advice o his parliament, had chosen him
tae be his successor shoud he fail tae produce an
affspring. This hope — if sic it was — cam tae nocht
for a male heir was born soon eftir. That heir was

King Alexander III. Auld Robert's lyff was lived withoot further reference tae the possibility o him becamin king. But clearly, sic a fabulous prospect was something he neer forgot. Young Robert, though, woud hae grown tae adulthood withoot ony prospect o him eer being king.

King Alexander III deid when, ower anxious for the erms o his wife, he lost his wey and rade his horse ower the cliffs at Kinghorn yin stormy March nicht in 1286. The country he left ahint was determined tae preserve the guid order o the kingdom for his only heir, Margaret, his grand-dochter and Princess o Norway. Being but a bairn o thrie years, Guardians wer appointit tae rule in her name until she was aulder.

The Scots, though, wernae the only yins interestit in the wee queen's welfare. King Edward o England understood immediately on King Alexander's daith that control o Scotland coud be won if his infant son was tae be the future husband o Queen Margaret. King Edward kennt that, as Scotland had nae king, the Scots woud find it difficult tae resist his suggestions or demands. The very act o protecting the interests o his son and the future mairriage, woud gie King Edward an effective controlling influence. Eventually this mairriage was arrangit wi a special treaty.

There maun hae been a time eftir the mairriage

treaty was concludit that King Edward was very satisfied wi the weys things wer gaein. The overlordship o Scotland, that King Edward believed was his bi richt, but which he and earlier English kings had foun difficult tae pin doun, was takin shape as a reality. Tae him woud gae the glory o bein the king wha finally sortit oot the problem o Scotland. Scotland woud be a region, like Wales had becam. He or his son woud be the first king o the haill island, the first King o Britain. This was an ancient English ambition. Nae only woud King Edward's prestige be enhanced but also his pooer ower his ain country, for acquiring Scotland woud gie him extra leverage in his relations wi his barons.

But aa the plans cam tae nocht for the wee queen deid on the wey back tae Scotland frae Norway in 1290. There was noo nae direct heir tae the Scottish throne. King Edward's hopes o winning Scotland through the smooth an easy method o mairriage wer noo gane. This maun hae been a big disappointment tae him. But the idea o Scotland being in his grasp had plantit itsel deep in his mind ower the previous few years syne King Alexander's daith. But for the present, things had becam politically tricky.

Auld Robert Bruce's claim tae the throne had been revived eftir fifty years. John Balliol, the lord o Galloway, had a claim camin frae the same source as auld Robert Bruce's. It wasnae clear wha had the richt tae be king.

Meanwhile swords wer being drawn in Scotland. Wha woud be king? The faimly netwarks that wer the foondation o oor country's social stability coud also tear it apairt. Ties and obligations swept people intae yin or the ither o the twa armed camps that wer forming aroun the claims o the twa main contenders for the throne. And yince in a camp the darker forces o the age, the feuds and rivalries o faimly and region, stertit their wark on men's minds. There was nae obvious wey o solving the problem o the succession tae the throne in a neutral manner.

Of coorse, few wantit a war. But the problem was how tae prevent it. The main contenders wer each certain o the justice o their claim and feart o whilk the ither micht dae. In an age whaur men normally went aboot armed wi dirk or sword and the major players in this contest wer accompanied bi mountit hirds o warriors, it woudnae tak muckle tae stert a war.

We cannae ken the sequence o events that led tae it, but King Edward was approachit wi the invite tae judge wha had the best claim. This was jist the sort o situation that he had been desiring and nae doobt expecting.

In later years mony hae criticised the decision tae involve King Edward as naive and foolish — as if the Scots wer unaware o his intentions and the risk. But they had nae choice in this. King Edward had already taen ower muckle o a close interest tae be left oot withoot offending his fearsome sense o royal dignity. Like it or nae, King Edward was pairt o the process o deciding whit was tae happen tae Scotland and had been syne King Alexander's daith. Further, King Edward was the only yin wha coud compell aa the pairties involved tae honour ony agreement.

Aware o whit a wheeler and dealer the English king coud be, it maun hae been the Scots' hope that bi directly involving him they coud appease his vanity, stimulate his sense o fair play and, bi exposing him tae the gaze o the rest o Europe, inhibit some o his mair unreasonable tendencies. Like giein a bully a bit o whit he wants in the hope that he willnae tak it aa.

Some hope it turnt oot tae be! It was clear frae the stert o the process that King Edward woud try tae extract every benefit he coud. The Scots wer in a gey weak position and it was an uphill struggle tae resist, as diplomatically as possible, his claims and demands.

Of the fourteen names pit forrit only the Bruce and Balliol claims really countit. In some weys it didnae maitter wha King Edward chose for he was determined tae get Scotland and the Scottish king under his thumb. Aa the claimants had tae recognise him as the overlord o the King o Scotland.

It was decidit that John Balliol's claim was the maist legitimate. And he becam King John. Maist people, even Bruce supporters, acceptit the decision wi guid grace. They wer thankfu that the issue had been at last resolvit and a king was on the throne. But there was a time-bomb at the very hert o oor monarchy. This was the recognition o King Edward as Scotland's overlord and the fearfu richts o influence that this contained.

A few days afore the decision was made against him, auld Robert resigned his claim tae his son and heirs. He was determined tae keep this alive. He kennt he had lost and maun hae been bitterly disappointit. And disappointit nae jist for himsel, but for his son and heirs whas welfare and position he maun hae been increasingly thinking o as time marched on.

Robert was echteen when this happened. There coud be nae question that he woud hae followed the faimly line. He obviously thocht his grandfaither's claim as the maist just and his faimly the mair true tae Scotland. It maun hae seemed tae him that a great injustice had taen place. Whateer resentments the Bruces harboured against the Balliols afore the process woud be increased tenfold bi their awareness o the intrigues, real and imagined, o the Balliol camp.

The Bruces wer naething if they wernae a stubborn lot. Tae keep alive their claim tae Scotland's throne they woud hae tae dissociate themsels frae the Balliol kingship. They swore nae oath o fealty tae King John and kept themsels clear o his coort. Auld Robert had retired frae public life. His son kept himsel oot o the wey at first in Norway and then in England. And young Robert spent time doun in England as weel.

Bi their actions the Bruces wer seriously undermining King John's authority and compromising the stability o the kingdom — they kennt this. That the Bruces wer ruthless and selfish here is withoot question. But, on the ither haun, ye coud say, why shoud they acknawledge a claim they didnae agree wi or shaw respect for a man wha they feel doesnae deserve it? The kind o man Balliol was is foreer lost tae us, but perhaps he was the kind o man that wasnae meant tae be a king.

Either wey, the Bruces wernae the only yins pittin pressure on King John. King Edward's clear intention was tae continue interfering in Scotland. The constant reminders o wha was boss, the petty obligations, instructions delivered, decisions reached, and aa in a tone strikingly disrespectfu, shawed that King Edward wasnae only exercising his richt tae overlordship but was extending it intae something massive, awfu and irresistible.

He kennt that he was humiliating King John and compromising his position as sovereign. His behaviour is like naething ither than a bully, intoxicatit wi his ain pooer. Perhaps also there was something in the personality o King John that allowit this tae happen.

King Edward was aye thorough and deliberate in aa his plans. His behaviour was the sort that led kingdoms tae war. This was his intention. King John woud be forced intae war wi England or some crisis

27

woud occur in Scotland that woud allow King Edward tae tak charge.

The drift tae war was something that mibbe didnae worry the Bruces. Perhaps this was whit they wer waiting for — secretly, of coorse. Perhaps this woud gie them (in the person o Bruce senior) a second chance tae win the throne. Time, though, had ran oot for auld Robert Bruce tae witness sic a possible Bruce triumph. In his late seeventies or aulder he deid in 1295.

Scotland Conquerit

Scotland's defeat bi England stirred Bruce's love o his natioun.

Nae maitter how great the desire for war, a reason still has tae be foun tae get it stertit. The reason was the Scots refusal tae aid King Edward in his war wi the French and the makin o a defence treaty wi them. This was the bottom line in this issue o overlordship. It was here that the haill point and meaning o overlordship for baith sides was finally addressed.

Up tae this point the Scots coud pretend or hope that King Edward's claim was a bothersome affectation. Alas, nae mair! In King Edward's een, King John and his subjects had broken their oath tae support him. The game was ower. King Edward was caain time up on King John. The confiscations o land and property followed. The Scots prepared tae defend themsels.

Oor ancestors astonishing optimism in facing up tae whit was Europe's best war machine was matched only bi their incompetance. At the battle o Dunbar they wer smashed and scattered bi the fierce and professional English knichts. King John fled and then, running oot o hiding places and ideas, he surrendered tae King Edward.

It was aa ower. Invadit, defeatit, subjugatit aa in a maitter o weeks. Scotland had been cheaply won. Aa o England woud hae been pleased — first the Welsh, and noo the Scots had been pit in their place bi an English king. King Edward himsel maun hae went hame feeling on tap o the warld.

Bi the time the war stertit, the Bruces, as supporters o King Edward, had already been deprived o their Scottish land and titles. Probably afore the war stertit they wer in twa minds aboot it. A lang drawn oot affair woud lead tae the ruin o their country, the daith o mony o their freens (for mony o them had honestly supportit King John eftir his crounin) and woud itherwise complicate the prospect o King Edward passing the Scottish throne tae them.

Scotland pays homage tae King Edward

As it happened, things coudnae hae went easier for King Edward or been mair favourable tae the Bruce hopes — they had their land back, King John had been deposed and mony o his supporters captured. The Bruces had done jist eneuch tae satisfy King Edward but nae eneuch tae turn neutral Scottish opinion against them and brand them as killers o their ain people. The Bruces' position and intentions woud hae been perfectly clear tae their contemporaries.

The haill question o the throne o Scotland had been raised only in the mind o the Bruces. As far as King Edward was concerned the kingdom o Scotland ceased tae exist. It was noo a land, a piece o territory, hardly different in status frae ony ither in his realm. If Bruce senior thocht that the throne woud pass tae him bi default, King Edward sune pit him richt. 'Have we nothing better to do than win kingdoms for you', he is sayd to hae replied.

Wi that dismissal Bruce senior kennt instantly that his hopes wer foreer gane. Legally King Edward's position was correct. The Bruce claims had been rejectit in 1292, why shoud they be valid noo? King John had forfeitit his throne. It noo passed tae his overlord, King Edward.

The Bruce hopes for the throne coud only be achievit independently o England. But this wasnae an option, for Bruce senior had made himsel Edward's man. There was naething he coud dae. For him the kingship o Scotland was reduced tae a gift. Perhaps he wasnae sae bothered aboot this. Perhaps he was asking mair oot o respect for his deid faither's memory than a sense o duty or desire. Tae be a real king was tae be absolutely certain o yer kingship. Bruce senior, for aa his lordly titles and high status, was jist anither subject o King Edward.

The determination o auld Robert Bruce had — as it aften does — lowped a generation. Bruce was jist a young man o twenty-thrie. His faither was the heid o the faimly and he had followit his faither's lead syne 1292 when, as an echteen year auld, his faither and grandfaither had turnt their back on the Scotland o John Balliol and had nursed or feared the prospect o the issue returning. Weel it had, and it was gane. Young Robert had been led tae the position that he foun himsel in. He didnae really hae an option o striking oot on his ain against the path chosen bi his grandfaither and faither.

The Scotland that Bruce returnt tae was smarting frae defeat and resentfu o the foreign rule. Scotland was a land made for freedom and the want o it ran true in the blude o its son and dochters. Mony Scots clearly regardit whit had happened as nae mair than a setback. In their herts they hadnae been defeatit, their warrior souls woud hae cryed oot for anither chance tae redeem themsels.

King Edward had hardly left when armed resistance sprang up. Initially the nobles wernae directly involved in this resistance. But there is nae question that mony wer supporters o it, contributing in numerous secret weys and waiting for a favourable opportunity tae shaw their colours.

Whit was Bruce tae dae? Was he King Edward's man, like his faither, or shoud he perhaps tak tent o the opinions o freens and supporters frae the time afore Balliol? At this point Bruce had tae decide wha he was and wha his people wer. Was he a Scot or was he King Edward's man living in Scotland? This wasnae jist a question o deciding whit he was but o whit the consequences wer. If Bruce decidit tae tak his place amang the rebels it woudnae jist be King Edward that he turnt against, but his faither. His faither was King Edward's man. Bruce wasnae like his faither, he wasnae onybody's man!

At the beginning o oor story we refered tae the need tae pass ower major events in Bruce's lyff. We hae done sae already. Aroun this period, Bruce was mairrit tae Isabel o Mar, had a dochter, Marjorie, and tragically was made a widower sune eftir — mibbe during — his child's birth. While awfu events wer gaein on in the warld ootside, the maist awfu imaginable had visitit Bruce's ain hearth. Bruce woud hae been lost in his mind. We need tae back aff frae thinking o his duties and ambitions and plans for a guid while.

THE STRUGGLEFOR LIBERATION

King John micht hae been gane
but he was certainly nae
forgotten. Mony Scots wer
prepared tae fecht for his richt tae
his throne, Scotland' s throne.

There is nae question that the initial energy for this
national uprising cam frae the common fowk. The
country's natural leaders wer paralysed. They had
been dazed by King Edward's effortless victory ower
them and then compromised bi the new oath o
allegiance that he had forced frae them. They sat in

their manors and castles wi their siller plate and Flemish tapestries and wer unshair. Mony had rebellion on their minds. But wha was tae stert it, wha was tae lead it? And whit o their freens and relatives held hostage in England, whit woud King Edward dae tae them if a new rebellion was tae brek oot? There was yin thing they wer certain o, naething woud be achievit bi them being rash.

Meanwhile, there wer ithers mair certain aboot whit tae dae. They cam frae ilka ferm toun and burgh aa ower Lowland Scotland frae Dumfries tae Elgin. They wer the yins that jined the resistance groups that wer forming aroun Wallace and Murray in early 1297. Bi spring the English wer in trouble. For the nobles it was time tae choose.

King Edward stertit tae mobilise his forces in Scotland. As a supporter o King Edward, the young Bruce was instructit tae attack the land an castle o Sir William Douglas, a member o the nobility wha had recently jined wi Wallace. It is believit that while undertakin this commission Bruce decidit tae jine the rebellion.

His decision was nae doobt prompted bi the circumstances but also tae the recent influence o twa auld freens o his faimly, Sir James Stewart and the Bishop o Glasgow, Robert Wishart — baith recently sworn tae obey King Edward.

There was probably anither factor that had been

warkin on him ower the previous months — and that was Scotland hersel. An as onyane that's been awa can confirm, it's in the returning tae yer hame eftir exile that ye find oot whether ye loo it or nae.

Nae maitter how much Bruce was convinced o the justice o his decision, it coudnae hae been an easy yin tae reach. He was turning against the position o his faither wha was still the heid o the faimly. Further, he was compromising his faither wi King Edward wha had gien him the important position o Governor o Carlisle. He was turning against the English king and, gien the king's fearsome presence, this was something that nae man did lichtly.

The security and benefits o being King Edward's man wer being sacrificed for whit? A national rising whilk if successfu woud restore tae the throne the very man his faimly was opposed tae. And that's if it was successfu! Aa ye coud be shair o was that King Edward woud be back.

Bruce obviously hadnae forgotten his faimly's claim tae the throne. But whiteer he felt aboot it personally, he kennt that the throne o Scotland woud only be regained bi war wi England. Shair, diplomacy was important, but there was nae yaise waiting for it — medieval kingdoms wer won and lost on the battlefield. And he maun hae kennt also that the throne o Scotland woud be worthless unless Scotland established its complete independence frae England.

For Bruce, the issue o Scottish independence cam

first. In whit was the first major decision o his life, he chose his country, Scotland. For us, the surprising thing is nae that it tuik him sae lang tae reach this decision but that he did it at aa.

Mony o the Balliol faimly faction in Scotland woud hae been a bit suspicious o Bruce's decision. And quite richtly sae. Whit was at the root o his change o hert, they woud hae thocht; Scotland's freedom or the Bruce claim? Truth be tellt, naebody can eer ken whit was in Bruce's mind. Like ony ither man, his mind had its hidden places whaur his unspoken ambitions lay. But ye dinnae judge a man bi his secret hopes but bi whit he does. And whit Bruce did was tae tak an enormous personal risk that, in aa truth, he neednae hae taen.

When Bruce jined the rebellion he did sae withoot ony knawledge o how it woud turn oot. As far as Bruce coud see, tae jine the rebels was tae abandon aa reasonable hopes o his faimly's claim. He woud hae kennt that the Scots wernae gaein tae abandon King John, even Bruce faimly freens supportit him. I think that Bruce felt it his duty tae fecht for his country and that his faimly's hope wasnae abandoned but pit aside in guid faith.

The successes o Wallace and Murray gied mony nobles and the church the courage tae shaw their true colours. There is nae question that frae the beginning they had been secretly supporting Wallace and

Murray. But noo that they wer in open rebellion it didnae mean that they woud jine them. There wer logistic reasons why the nobles' army shoud stey apairt frae Wallace and Murray's army. But the main reasons wer due tae the issue o leadership that gae ayont the personalities o the commanders and touched the issues o rank and privilege particular tae these times.

Bi the standards o the day, Wallace wasnae frae the rank o society wha led an army. But wi a man sic as Wallace there was nae question o him defering tae the nobles on the issue o command or strategy. The army o Wallace and Murray was their army — in that it was inspired bi them and owed its allegiance tae them. Baith armies, then, wer probably quite happy tae be kept separate — that they wer sharing a goal was satisfying eneuch for their commanders.

It woud be at this time that Bruce and Wallace woud meet. Bruce maun hae respectit Wallace as a warrior. But it is unlikely that they wer close. Men wi sic exceptional energy and presence seldom get on wi each ither. Bruce woud hae instictively understood the challenge that Wallace representit wi his die-hard philosophy. Understood and feared it.

The English wer bemused bi the commando tactics o Wallace and Murray. The nobles' army, though, was exactly the sort o thing they kennt how tae tackle. The speed o their response was impressive. Afore the Scots wer properly organised or had even agreed on objectives, a rapid reaction force was upon them at Irvine. Seeing the banners and the glint o steel o these hard Englishmen maun hae made aa the talk seem sae cheap. Here they wer, their conquerors returnt. They woud hae mindit Dunbar the year afore and kennt they wer staring daith in the face.

Feart, leaderless, dividit amang themsels, the Scots nobles surrendered tae the English Army afore a sword was drawn. Luikin back ower seeven hunner years we can say, withoot meaning tae excuse whit was baith a disgrace in terms o their organization and shamefu in consideration o their duty, that they wer richt. Bi the time that the English army was on them, they had already lost the opportunity tae beat them. The battle o Irvine, had it happened, woud hae been anither Dunbar; those mountit woud hae been driven intae the hills, the puir infantry cut intae collops.

Things wernae quite as they seemed though. Although the English had forced a renewed pledge o loyalty tae the English king, the nobles' herts wer still fu o rebellion. In reality, naething had changed. And there is nae question that the nobles and churchmen deliberately strung oot the surrender agreement — for a month! — tae allow Wallace and Murray tae better prepare their ain army. While the talking continued, sodgers sneaked awa frae Irvine tae jine wi the fowk frae the rest o Scotland wha luiked tae Wallace and Murray tae deliver their freedom.

Ostensibly King Edward's men yince mair, maist nobles caed canny ower the rest o the simmer. Bruce was, it seems, cannier than the rest. Keeping himsel oot o the wey o ony probable action. And action there was gaein tae be, for Wallace and Murray wer resolvit on battle. The nobles wer content tae lee the fecht tae them.

And at Stirling, oor ancestors, the common fowk for the maist pairt, won a stunning victory ower the English. The credit was theirs alane. Some o Scotland's great nobles did tak pairt in the battle. Near the end, when it was clear that the English wer defeatit, the forces o James the Stewart and the earl o Lennox emerged frae the security o the wuids tae chib doun the fleeing remnants.

The pooer o the English was broken in Scotland and Wallace, following Murray's daith sune eftir the battle, was made Guardian o Scotland in King John's name. Wallace was noo in charge and maist o the nobles cam ower openly tae the patriots' cause. They wer aa for King John noo.

Mony o the nobles captured at Dunbar wer taen bi King Edward tae France and forced tae help him in his fecht wi the French. When an opportunity arose they escaped frae him and jined the French king. And then tae Scotland arriving bi 1298. King John's natural supporters wer back and his cause took a bit lowp forrit.

At Falkirk on 22nd July 1298 Wallace's army was defeatit bi King Edward. Some o Scotland's nobles wer present, maistly in command o the cavalry contingent. On first contact wi the English cavalry they wer broken and fled the field, leein the infantry tae face the irrestible storm o arras and defeat. Bruce wasnae present at the battle. He was in his ain lands protecting them against possible English incursion or involved in action against raiders frae Galloway.

The resolution o the Scots hardly seems tae hae been tested bi the defeat. And King Edward left Scotland haein achievit naething. Wallace resigned as Guardian and was replaced bi Bruce and Comyn as joint Guardians. It is safe tae assume that the twa men wernae able tae owercam the rivalries and resentments they bore towards ilka ither. But for aa that, they wer able tae function effectively eneuch for a year — a year whilk saw the hopes o King John brichtenin — until Bruce resigned his position, apparently tae help resolve a dispute atween Comyn an Bishop Lamberton o Sanct Andras.

Through 1299, 1300 and 1301 the Scots steyed true tae their commitment tae King John — bi noo returnt tae his faimly's ancestral hame in France. And through various combinations o Guardians they had maintainit an army and the ability tae defend themsels. They had realised that the wey tae beat the English was nae tae fecht them in battle but only harass them.

It proved impossible for the English campaigns in Scotland tae achieve onything. The Scots forces retreatit intae the vast wildness o their land and the English wer worn doun bi combinations o frustration, supply problems, harassment and rising costs. The English king's will tae hae Scotland hadnae lessened, the Scots kennt that, but his eer present political problems, finance problems, pressure frae the Vatican and the war wi France coud yet force him tae reach an agreement. In every yin o these years the Scots wer entitled tae believe that a brekthrough was possible for King John.

Tae the critics o the nobles as a gang o faint herts wi their een on the main chance, we coud say, ay, but why shoud they bother at aa? Bi sticking wi King Edward they neednae hae compromised their titles or land. The issue o Scotland and their defence o it wasnae a board game whaur ye mak a wrang throw, lose yer property an gae and mak a cup o tea while ye miss a shot! The consequences here wer lethal. Nae man or woman lichtly surenders their inheritance or livlihood, nae maitter how strang their principles. It doesnae tak awa frae the achievements o Wallace or the church tae gie the nobles some credit in pittin aside the personal disputes that cam sae easily tae them and present a united front tae the English.

Bruce's pairt in the defence o Scotland during these years is lost tae us. Likewise his zeal in attending tae the various tasks required o him. Aa we can say is that, whiteer it was, it doesnae seem especially notable. This isnae surprising for King John had his ain faimly in the governing councils and arranging his return woud be their job.

Bruce's very presence maun hae been disconcerting at times. Wheneer the question o kingship arose, Bruce woud be sitting there representing an alternative — regardless o whit he sayd or felt. That he stuck wi the Scots' cause is the important fact. We woud scarcely hae a story o Scotland tae write o, neer mind Bruce himsel, if he had steyed wi King Edward frae the beginning or returnt tae him eftir Falkirk. Imagine Bruce on the English side during aa this period and the haill south-west o Scotland an English fastness? Bruce's apparent lack o activity is, I believe, an illusion created bi oor lack o knawledge. Whit was happening in Bruce's ain land and in the south-west in general was nae sideshow.

Bruce's lands wer pairtly bordered bi Galloway and England and the Irish sea — aa potential sources o attack. The Galloway fowk wer a race apairt, wha cared nae yin bit for Scotland and wer infamous for their love o plunder and blude. Then the Irish, jist a boat ride awa, a people that neer needit tae be asked twice tae a fecht. But the maist important point aboot Bruce's lands wer that they bordered England and yin o the twa main routes intae Scotland went richt through them. Giein that the ither route through the Lothians had been turnt intae a wasteland and presentit nae impediment tae invaders, only Bruce's lands preventit a pincer movement o English forces. For this land tae be lost tae England, for the Ayrshire coast and the Irish Sea tae be free o restrictions tae English ships woud be tae lose aa o Scotland south o the Forth and Clyde.

But tae keep it, needit organisation, constant vigilance, patrols, perhaps hunners o vicious wee clashes that last as lang as a flurry o arras and lee a man blinded for life. It is easy eneuch tae peehee this type o action as the sma beer o the war in comparison tae the big campaigns and battles. Little comfort tae be tellt, wi yer haun lying bludy in the bracken, that ye wer involved in a minor skirmish! But, in fact, it was success in this sort o action that allowit Scotland tae keep its freedom. The English wer jist too strang for the Scots tae risk anither battle wi them.

For Bruce, these years woud be hard yins o luikin tae the borders and kennin somebody was oot there. This was a time when the rough-toughs, the bitter men, the wild adventurers wi dubious commissions frae the English and jist plain bampots foun things tae their liking. The hatred o the Scots was a real thing, for mony o these men violence woud be payment eneuch. Bruce's duty lay in his ain lands, commanding his ain followers. We will neer ken if he coud hae done mair, if there was a welcome place for him at the centre o things, but shairly he woud hae foun eneuch tae dae at hame.

Bruce surrenders tae King Edward

In February 1302, at the stert o
a nine month truce wi the
English, the Bruce made his
peace wi King Edward. He was
in wi the English.

His defection was a serious blaw tae the Scots and
tae King John's hopes o returning. His comrades maun
hae been stunned, although mibbe nae aa o them wer
surprised bi it. The disappointments o his contemp-

oraries ower his decision is matched, and mibbe even exceedit, bi some present day patriots. His decision tae jine wi the English compromises the hero, pure o motive, we want him tae be.

We neednae be disappointit wi his decision but accept it as based on an honest assessment o his interests, duty and ambition. Bruce wasnae tae ken whit his future was tae bring him or posterity mak him; in February 1302 he was jist a man wha made a choice aboot his future.

We maun allow Bruce tae mak this choice free frae the encumbrances o oor history. We maun ask the question that Bruce did o himsel: Whit cam first, his faimly and followers an aa the men and women wha luiked tae him as their laird and protector or the kingdom he was fechtin for — King John's Scotland? Ilka-ane understood that, when it cam tae the bottom line, a laird's first duty was tae his ain army, his ain lands and people. What if by his choice his faimly was broken, aa his lands lay in ruins and his people killt — coud he be sayd tae hae done the best thing for Scotland or for them an himsel? Was it his duty tae be Scotland's saviour, tae risk daith or ruin for King John and perhaps suffer disfavour if he did return?

There wer probably ony number o backgrun influences in Bruce's defection frae the national cause. The war itsel, the corrosive politics o the situation, the cruel words and crueller thochts o the meetings. Bruce's loyalty tae his country, like that o onybody else, wasnae an absolute thing. Loyalty is aye dividit atween different groups. Bruce coudnae hae been alane in regarding loyalty tae his country and tae King John as nae aye the same thing, and wondering whaur they separatit.

We ken frae politics today that people frae different pairties wha shair a common goal still find it impossible tae wark wi the ither. And mair, they woud rather see the destruction o some common goal than mak a concession tae the ither. This probably describes Bruce's position prior tae his change o sides.

But there may hae been yin ower-riding factor at wark. Frae the turn o the century King John's hopes had been brichtenin and there was a sense that some brekthrough was near. Bruce maun hae cam tae baith fear this and resent it. Fear it, because o its uncertain impact on his position and estates — particularly his inheritance o his faimly's ancestral Annandale, at present confiscatit frae his faither as a King Edward supporter. Resent it, because he felt mair and mair that King John had forfeitit his richt. Eftir aa, whaeer heard o a deposed king winning his throne back bi diplomatic and legal processes? It was a king's duty tae lead bi example.

While Balliol was haein a basket supper and mulled wine for his nichtcap in his chateau back in France, mony o his subjects wer daein a cauld guard duty. Howeer guid a man he was, howeer guid a king he was or maun hae been, the fact is that on this crucial issue o leadership he was useless.

Nae doobt the difficulties tae be owercam in winning hame tae Scotland wer great, but we ken o nae attempt tae try. The sense ye get was o somebody glad tae be oot o the wey o it aa, happy tae be rich and safe in France. Somebody nae cut oot for the job, withoot the obsessive hardness that kings then needit. The people had tae believe that their king was the best, the maist just, the baddest tae his enemies. They coud hardly dae that wi King John. Even if his supporters back in Scotland in their herts recognised this, they wer trapped bi their allegiance and their Scotch bluddy mindedness. Whit coud they dae? They had nailed King John's colours tae their lances, they woud hae tae follow them aa the wey.

Aa this begs the question o Bruce and his ain faimly claim. Was he stertin the plot that woud lead tae the throne? We coud guess that he was satisfied tae ruin King John's hopes and then see whit fate woud bring. We will neer ken.

Does Bruce's decision mak him a traitour and, if sae, tae wha or whit? Supposing Bruce had a notion o gaein for the kingship at the point o his defection, does that mak him a schemer and fause freen? Kingdoms wer won bi a combination o guile and battle. The Bruce claim was a serious yin and Bruce was entitled tae pursue it. Whiteer was in his mind, I believe that Bruce steyed true tae himsel. And he didnae abandon his comrades during hostilities.

We are writing aboot Bruce here as if he had nae life but for war and politics. He was twenty-seevin, already a widower wi an infant dochter. He was heir tae his faimly's fortune and the big brither tae whit maun hae been a close faimly. He was at the age when the responsibilities tae faimly and inheritance stert tae exert an influence. Mebbe his parents had had an influence on his decisions — ye can imagine them worn oot wi worry. Perhaps love played a pairt.

We ken naething o how it happened, but sune eftir his surrender Bruce mairrit Elizabeth de Burgh, the dochter o the Earl o Ulster. He was a supporter o King Edward. Obviously it woud be impossible if Bruce was still a rebel tae King Edward for him tae mairry intae the earl's faimly. But we maun mind the pooer o love. Bruce woudnae be the first man tae turn aside frae the warld when his mind becam besottit wi a lassie.

When the truce endit oor ancestors carried on the fecht. But things wer changing dramatically in King Edward's favour. The French king's ambitions in Flanders had been smashed wi his army at the battle o Courtrai. An agreement wi King Edward was noo essential tae him. King Edward was keen for this tae, he woud be freed frae the problems he was haein sustaining his war wi France. Free tae sort oot the Scots. The treaty was agreed in May 1303. We wer on oor ain noo. Scotland woud surrender or be destroyed. It was jist a question o time.

Bruce noo had duties in the English army. His activities wer conspicuously ineffective, intentionally sae, I believe. King Edward maun hae been aware o this but, kennin the end was near, chose nae tae mak an issue o it. But afore the war was finally concludit Bruce was up tae something. Perhaps his faither's recent daith had released him frae some unkennt obligation. He made some secret plan wi Bishop Lamberton, a friend o Wallace and ane o oor greatest patriots. It coud only hae been connectit tae a decision tae gang for the throne when an opportunity arose. Had he jist changed his mind aboot this noo that King John's hopes o returning wer finished? Had this been warkin on his mind since afore his defection? Was Bruce gien in tae vague suggestions and whispers? Did the bishops play a pairt in his decision? We can only guess.

Certainly he maun hae kennt, or was sune tae find oot, that the bishops an ithers wer sympathetic tae his claim.

Ye wonder then, whit tae mak of this, gien that the war had been aa aboot King John's richt tae the throne o Scotland and that Bruce had been wi the English for twa years. It suggests that Bruce's decision, howeer it was reached, was pairt o a wider change in Scotland and a recognition o the need for a king there in the country. Circumstances had altered, and the bishop and ithers had obviously cam tae believe that the legal superiority o Balliol's claim countit for naething beside a man wi a lesser claim perhaps but a hunner times mair will.

The end finally cam in February 1304 when John Comyn, Bruce's former fellow Guardian and the main standard bearer o King John's following, surrendered on behalf o aa the rebels. King Edward had vented muckle o his anger in the previous months and was noo inclined tae be mair lenient. Only a few wer left ootside the peace deal. Chief amang them was oor greatest hero, William Wallace, wha was expressly forbidden tae be includit in the peace. The king hated him and clearly planned tae mak him the scapegoat for the rebellion and the symbol tae the English people o his triumph.

Yin task was left tae Bruce and some ither Scots lords. Get Wallace! The king promised, bi wey o warning, tae keep an ee on how weel they performed this task.

We ken that Bruce helped in a raid designed tae catch Wallace. It failed, but Wallace's time was clearly up. Only Bruce woud ken how seriously he tried tae fulfill his commission. We are nae tae ken whit the years had done tae Wallace. Or if Bruce regardit him as a future ally or the last and maist dangerous o King John's men. Did he think o this as a hateful commission or a grim necessity?

On 23rd August, thrie weeks eftir his capture, Wallace suffered the impossibly cruel execution King

Edward had planned for him. Scotland was lost. Only a thrawn few held oot, preferring certain daith tae the dishonour o surrender; King Edward was sune tae oblige them! Ten years eftir the war which King Edward had provoked wi Scotland, he was the maister o the land.

And Bruce, back in favour wi the English king, was restored tae his English properties — the whilk he noo inheritit as his faither had deid in 1304. He was neer wealthier, had mair status or mair responsibility than when he invitit John Comyn tae some secret talk at Dumfries.

THE BID FOR THE THRONE

Scotland needit a king.

Bruce tuik the challenge.

John Comyn was the chief man o the people that backed King John. We ken little o him except that he was withoot question loyal and brave. He carried on the fecht against England for as lang as ony bodie coud. When he surrendered himsel and Scotland in February 1304 he did sae wi dignity and resolution, still determined tae get the best deal for his country.

Despite the circumstances he wasnae a broken man. He may hae been a difficult man tae get on wi, we can easily imagine him hard and inflexible and, like mony ithers, a bit paranoid. But God kens he woud hae excuse eneuch for his failings! In anither Scotland he coud sae easily be the hero we woud be writing aboot.

When he acceptit Bruce's invite tae meet him in the Greyfriars' kirk at Dumfries he maun hae been a bit puzzled. But he trustit Bruce eneuch tae gang. Clearly, the only possible purpose o the meeting was for Bruce tae ask Comyn's help in takin the Scottish throne and freeing Scotland frae England.

It seems, even frae this distance, tae be naive o Bruce tae expect, o aa people, Comyn tae favour his plan. But things had changed, and mibbe Bruce had some hopes for believing that Comyn had changed wi them and perhaps felt himsel hard done tae bi King John, comfy in France waiting for his croun, while Comyn did aa the wark.

Muckle has been written aboot this meeting and whit was sayd but the truth is that it's aa made up. Aa we ken for a fact is that Bruce's hopes wi Comyn wer ill foundit. Comyn woud hae aa his suspicions o Bruce confirmed. He woud hae been angry. Comyn coud quite easily view Bruce as a traitour tae baith King John and King Edward. Comyn woudnae hae been diplomatic aboot telling Bruce his feelings. Hard wirds woud follow hard wirds, gestures an threats and then Bruce stabbed Comyn wi his dagger. It was a cruel end for a brave man.

There has neer been ony suggestion o a struggle

atween the men or that it was self defence on Bruce's pairt. Aa we can say is that Bruce lost the heid.

Naething in his earlier life or his life tae cam, hard and cruel though he coud be, remotely suggests a cauld bludit murderer or a man o irrational rages. Baith men brocht a lot o pent up emotions tae that meeting. I believe that the murder was an oot o character act. It was the crazy bit that aa heroes hae in their mak-up asserting itsel in the warst possible wey.

That Bruce planned sic a deed is impossible. It was the warst possible timing and the warst possible wey tae pit whiteer plan he had intae action. Murdering the heid o a rival group is hardly the wey tae win support. Further, in Bruce's age, tae murder somebody in a church was an act whas consequences is wey ayont oor ability tae appreciate. When he cam tae his senses, Bruce, as a pious man, woud hae been distraught.

But that dagger blaw nae only tuik Comyn's life, it harmed foreer his reputation. History was twistit and Comyn becam a treacherous villain getting his just desserts.

Within a few days Bruce made his wey tae Bishop Wishart o Glasgow, a supporter o the Bruce plan. Whiteer else he micht hae sayd, Wishart did as muckle as a bishop coud tae find some favour for Bruce wi God. Then he activatit the church and his followers

the coronatioun o Bruce at Scone

on behalf o the new uprising, providing even the costumes and accoutrements for the coronatioun o a new king.

Whit happened next shaws that Bruce had already built a support for his ambition tae be king. Bruce kennt whit tae dae. Sae did his followers. They maun hae been shocked at the precipitous timing o it, for shairly they wer aa waiting for King Edward's daith? Tae stert it wi a sic a murder maun hae siekened them tae their souls, but they wer loyal and true. The English fled or locked themsels up, castles wer siezed, armouries unlocked, bows waxed, armed pairties wer aboot luikin for trouble, tension and menace wer back frae their short brek. The killing times had returnt.

Bruce was crounit king at Scone on March 25th 1306. The church was weel representit, Bishop Lamberton o Sanct Andras even sneaking awa frae a meeting o King Edward's council in Berwick tae attend. Some o the great nobles wer there, and mony o the middling and lesser gentry. Mibbe mair coud hae been there but, gien the circumstances, that he got onybody at aa says muckle for their opinion o him and o their sense o their country's need.

Bruce was crounit bi Isabel o Fife, the wife o the earl o Buchan wha was a main force in the Balliol/ Comyn faction — she was takin an enormous personal risk bi her act. The ceremony ower, Bruce went immediately tae wark gathering followers, preparing local militias, reducing enemies, capturing castles and preparing bases for his future operations.

Bruce wasnae the only yin busy that spring and early simmer. King Edward had exploded wi rage on the news. Even here, nearly seeven hunner years on, ye can almaist sympathise wi his exasperation at the Scots. If they woudnae respond tae stick or carrot, he woud gie them sword and flame! He gied local command tae his cousin, Aymer de Valance, a commander wi lots o experience o the war in Scotland. His commission coudnae hae been simpler — destroy every supporter o Bruce. He done weel, re-establishing King Edward's authority whaureer he went, bouying up the confidence o the Balliol/Comyn group and, maist importantly, capturing twa o the ringleaders o the new uprising, bishop Wishart o Glasgow and bishop Lamberton o Sanct Andras. They wer sent tae jile and chains in England. It was a major blaw tae Bruce.

De Valence didnae hae lang tae wait afore camin tae grips wi Bruce and his sma force. Bruce had made camp at Methven near tae de Valence's headquarters in Perth. The English sortied oot o the toun and surprised the Scots. It wasnae muckle o a battle, but it was certainly an English victory. Bruce's army was broken up, remnants fleeing aa weys. Bruce himsel was left wi a force o a few hunner. We cannae say whit casualties wer like for we've nae idea o the number o sodgers involved. Bruce's force woud be a few thoosan o mainly foot sodgers. De Valence's force o cavalry, perhaps a few hunner strang, coud hae cut doun hunners o Scots. It was nae only a crushing psychological blaw, mony that had jist went tae Bruce wer noo back wi King Edward. This time in chains! June 19th, 1306.

Bruce fled westward up Strathearn and intae the mountains. His first thocht was safety. His second a chance tae allow his scattered force tae regroup. Ayont this, it's nae clear whit his plans noo wer, or indeed if he had ony. Aa we ken for a fact is that sometime in late July, Bruce's force suffered anither defeat in Strathfillan frae the Macdougall chief, John o Lorne, wha was a kinsman tae the murdered Comyn.

O the battle we ken naething. Smashed or scattered, either wey Bruce's army was lost and he personally was left wi jist a band. The queen, his dochter Marjorie and the ither women wer sent wi haste ower the mountains tae Kildrummy castle in Aberdeenshire. De Valence foun oot aboot this and advanced tae Kildrummy. The ladies and their escort fled, probably hoping tae escape tae Orkney but they wer capturit and sent tae King Edward. He wasnae lenient. The men wer executit. Within months o jinin Bruce their heids lay in baskets. A great swathe had been cut intae his support frae the lesser lairds and middle level knichts.

Includit amang the deid wer Bruce's wee brither,

Neil, and the earl o Atholl. Twa o the women prisoners, Mary Bruce and Isobel o Fife suffered the novel punishment o being placed in cages like beasts. Of coorse, there wer mony hunner ithers, if nae in the thoosans, whas execution eftir capture was the subject o little deliberation and even less record. They were, of coorse, the commons, the ordinary fowk — their names are written doun bi us ilka day.

Bruce's force maun hae been pretty ragged and hungry, for aa the warld like a large gang o brigands. They woud be strang eneuch tae scare aff local opposition, but they woud win nae kingdoms. It was only a question o time afore a proper force caught them. The Stewart, Macdonald and Lennox lands running in a braid sweep o the south-west Hielands and the Firth o Clyde was freenly territory. Bruce's only choice was tae mak his wey there and disappear.

Ye only hae tae glance at a map tae see that this is big country, beautiful but hard and tiring. We aa ken whit late simmer weather can be. A nicht on damp heather wi an empty belly, a sad stert for a king. Somehow, ower the weeks, he made his wey tae his castle at Dunaverty at the Mull o Kintyre. Eftir a few nichts rest, the resupplied Bruce disappearit. Bi the time the English forces reached the castle, sometime in mid September, Bruce was gane. Firstly tae Ulster whaur he had faimly and freens.

At this point, if nae lang afore it, the chancer cuts loose, the usurper loses his support and gets oot. Bruce had eneuch connections tae mak ony exile a comfortable option. But somehow, despite the apparent hopelessness o the situation, Bruce was able tae regard whit happened as simply a set-back. He immediately went tae wark planning his return. The last thrie months o the year arenae pleasant or safe yins for sailing atween Ulster and Scotland but this he maun hae done. Bi the stert o the year he was confident eneuch o his support and o the sma army, mainly o Ulstermen, Islanders and Hielanders, he had built up. He was ready tae stert again.

Only somebody absolutely shair o his cause and his country woud return. Bruce coudnae ken whit the future woud bring him. But he did ken the extent o King Edward's pooer and wrath. Only a madman woud return under these circumstances, unless he kennt something that the English king didnae. Bruce wasnae a madman. Whit he kennt was that Scotland's resolve tae be free was greater than King Edward's will tae hae it. He kennt that his claim woud find support, that he was wantit and needit. That he was fulfilling his solemn duty bi his faimly and his country.

Bruce split his forces. His ain group landed in his ain lands o Carrick and a separate force landed further doun the coast in Galloway. Bruce's force may hae had some initial success, slaying sleeping English troops that wer ludgit in hooses aroun Turnberry castle and capturing equipment and supplies.

But this success was mair than cancelled oot bi

the total failure o the ither force. While landing on the shore o Loch Ryan they wer suddenly set upon bi the Macdowells, the Galloway allies o King Edward. Aa the Irish wer pit tae the sword instantly. The important Scots prisoners wer sent tae Carlisle and then beheidit. Amang them wer twa o Bruce's brithers, Thomas and Alexander. Ye can only hope that Bruce's mither had deid bi then.

Bruce tuik tae the hills o Carrick and Galloway. Things coud hardly be waur and his prospects dimmer. Terrible though mony points in the previous six months muan hae been, at the point whaur his brithers' failure and then daiths wer reportit, he woud be at a place that cannae be recreatit on paper. His grandfaither's claim maun hae seemed like a curse. The challenge tae his mind, tae his very sanity even, was wey ayont the point that cracks even a resolute man. Even an atom o doobt woud lead tae the collapse o the enterprise.

At this point, supporters woud hae tae see mair in Bruce than a richteous cause, a brave man, a capable leader. They woud need tae feel, withoot perhaps even being aware o it, greatness. They woud need tae feel that Bruce's cause was their duty and their destiny. Whit Bruce coud possibly hae sayd tae his supporters is ayont my ability tae imagine.

Bruce maun hae kennt that the support o the people was deep and true and that they woud cam tae him. They did. Bruce in his ain back yaird was able tae keep clear o the English. Every day he becam stronger, his confidence increasing. Bi increments he was destroying his opponents, baith English and Scots. And then success! An English mission intae Galloway was defeatit in an ambush in Glen Trool in April. A month later, May 10th, his auld conquerer de Valance was conquerit at Louden Hill ootside Kilmarnock. The English remnants, de Valence includit, wer sent fleeing tae Bothwell castle. A few days later anither English force was similarly defeatit and sent fleeing for the castles.

King Edward was very ill. But he resolved tae personally tak charge o the campaign tae destroy Bruce. Wi his usual thoroughness aa the preparations wer made. This woud hae been the ultimate challenge. Bruce was lucky. The king deid at Burgh on Sands near the border at the beginning o July.

Eftir echt years o war, Scotland was defeatit and ruined. Yet the speirit o defiance, o resolution even, was still widespread. The despair at a resumption o anither war maun hae been great but the need for the dignity o independence was owerwhelming. People wantit a king, the country needit yin.

Clearly Comyn and Balliol supporters coudnae gang tae Bruce, but an incredible country-wide number o the middle and ordinary fowk wer for him. Even an awfu murder coudnae divert the people's regard for him. Even his desertion o the national cause in 1302 wasnae held against him. These and ither aspects o Bruce's life we perhaps observe wi disapproval — the ruthlessness, the enormous drive, the ambition, oor ancestors felt wer less o a problem. Probably they even expectit this o their king — eftir aa wha wants a modest king? Even mony wha had been aa alang loyal tae King John still foun their consciences allowit them tae support Bruce.

If Scotland was tae survive in ony meaningfu wey, then noo was the time for Bruce. People admire action and resolution. Bruce had shawed it. Balliol hadnae in a decade. We hae tae admit that, eftir the battle o Dunbar, Balliol was placed in a near impossible situation but when it cam tae mak the choice he chose lyff. When Balliol went tae King Edward on his knees, whit did he think King Edward woud dae? Forgie him an return his kingdom? Ither kings woud hae deid first. Balliol had had his chance. It was time tae gang tae Bruce.

There was nae question o Bruce simply forcing himsel on his country. If the previous decade had shown onything tae a woud-be ruler, it was that the Scots coudnae be either persuadit or forced tae accept onything they didnae like. Scotland was like a hornets' nest — ye had tae be yin tae live there. Bruce's ambition and the people's ambition for him maun hae been the same thing. Of coorse, people coudnae aa jist rally tae him richt awa, but the awareness o their will and the feeling that he was daein his duty bi them and Scotland maun hae sustained him.

THE LANG FECHT

It was yin thing tae claim the
throne, quite a different thing
tae keep it.

In the new king of England, Edward the Second, Bruce
was lucky. Neer was a man less like his faither. The
resolve, the attention tae detail, the energy, the
awesome presence hadnae been passed tae his son.
Everything that the auld king was, the new king
wasnae.

The new king understood his responsibility tae
maintain his claim tae Scotland. But didnae share
his faither's obsession wi it. He left afore the end o

August haein achievit naething. He failed tae
understaun the significance o the royal presence tae
freen and foe alike. His departure gied a serious blaw
tae his Scottish supporters. Bi missing the opportunity
tae crush Bruce, when he was at his weakest and his
support uncertain, maks him, in some bizarre wey,
yin o the saviours o Scotland.

Sune eftir, the capable de Valence was replaced.
Baith in the person o the English king and in the new
commander o operations in Scotland there was a lack
o direction. Bruce was quick tae exploit this.

Bruce kennt that he woud hae tae completely
subdue his Scottish opponents afore the English
returnit in force. Withoot delay he set aboot this. This
is a hard subject tae write aboot. Civil wars are neer
a case o a struggle atween richt and wrang. And the
very self destroying nature o the war maks celebrating
the ootcam, or even the feat o arms involved,
inappropriate. Neertheless, considering this civil war
as a military campaign, we can admire Bruce's
generalship. He understood the need for ruthlessness
at this initial stage. In details too repellant tae repeat,
fire and sword was served on his Galloway, Buchan
and West Heiland enemies.

But if Bruce's tactics relied at first on fear, this
sune gave wey tae compromise and magnanimity. Wi
few exceptions, Bruce left the door open for freenship.
He believed it his duty tae be the king wha united
Scotland in its war o liberation. Nae tae be yin that

destroyed it in a lengthy civil war. I believe, though, that Bruce was bi nature big hertit. It hardly needs saying that the hard side was generously representit, for naebody coud begin tae be a player in the game o medieval kingship withoot a hard, ruthless streak. But this wasnae his essential personality. He kennt, though, how important it was tae appear hard, his ain men woud expect tae see this in their general.

In a terrible irony that illustrates the tragedy o war, the lords and clans noo fechtin against Bruce and caain on Edward II for support wer the very same stalwarts that carried the war against England for sae lang. Ye cannae help but feel sarry for them. They wer trapped bi their ties tae Comyn in much the same wey that Bruce had been compromised bi his faimly. Their warld had been turnt upsidedoun, and here they wer, allies tae their enemies. But frae the moment that Bruce becam king they wer lost. For his sincerity in the belief that his kingship and Scotland's independence wer the same proved tae be irresistible. The rebel lords wer allied tae a cause that didnae mak sense. Their sodgers lackit conviction torn atween loyalty tae their laird and the feeling that they shoud be fechtin for Scottish independence and perhaps for Bruce tae!

Of coorse, the battles still had tae be won first. Inverurie in Buchan and the Pass o Brander in Argyll, baith foucht in 1308, broke the will o Bruce's main enemies. English-held castles continued tae be captured and destroyed. Bruce forces raided the north o England. Things wer turning in his favour.

Bi the end o 1308, eftir ane and a hauf years o solid campaigning, Bruce's position coud only be threatened bi England. Gien the scale o the problem for him, and the size o Scotland, it was a remarkable feat. He still had some Scottish enemies but they alane coudnae destroy him. The English wer hemmed intae the south-east or castles scattered here and there — their influence broken. The capricious and stubborn Edward II was haein sae mony problems at hame that there was nae direct danger frae England.

Bruce's success, though, ye cannae help feeling, was due tae mair than simply guid generalship and his singular personality. It was due tae the maist amazing guid fortune. And sae muckle o it tae! Oor ancestors kennt that sic fortune isnae an accident. It is a sign o approval frae abune.

O aa the periods o Bruce's life this is the yin that has naturally attractit the maist interest and jist as naturally is the subject o mony legends. It is also the period o whilk we ken the least. That the campaigns and battles tuik place is a fact. But the details we want are ayont recovery. Only the barest shape o the story shaws through eftir seeven hunner years.

The legends are jist that — tall tales! And yin o the maist famous is the story o a despondant Bruce hiding in a cave and finding inspiration frae watching a spider trying ower and ower again tae spin a web. That Bruce may hae gied up the struggle but for a spider, that Scotland's fate even hung frae sic a threid, is a compelling idea. Compelling but untrue. Can ye really see sic a hard heidit realist like Bruce, sic a michty will, needing a spider tae renew his ambition?

Further, o aa events in life twistit and glossed ower bi age, war is the maist influenced. Wha's tae ken, of coorse, wi ilka legend whether there's ony truth, but as facts we hae tae lee them.

Bruce's life, though, is nae less heroic bi leein oot the legends. When ye consider his life o year roun campaigning in oor land, wi oor wild weather, ye cam tae feel that ye can rescue whiteer story frae the legends that ye fancy. He maun hae seen it aa: the lucky bowshot, the assassins assassinatit, the fechts in snawstorms, horses collapsing wi hunger, the wolf's howl and banshee's wail, the pleading mither, the execution stopped in mid swing, endless lists o curses or blessings, the heids on poles, the men wha faced daith wi a jest.

And ilka moment o that hard and tiring time he was simultaneously warrior, king, general and liberator. He maun hae had a sense o humour, it usually accompanies great courage. 'Bad weather for chain mail, yer majesty'.

Ma ain favourite story has Bruce rising frae his seikbed and advancing against his enemies on horseback. Although the king was sae weak he had tae be supportit bi sodgers on either side, his very presence, the royal banners, the relentless wey that he led the advance — ill though he obviously was — caused a panic amang his enemies and led them tae flee the field. This tale may be incorrectly attributit tae the battle o Iverurie but it has the ring o truth aboot it. Especially the effect o the king's magical presence.

Up tae the end o 1308 Bruce's position was too precarious, too dependent on constant military force for him tae stop an caa aa his supporters thegither. But bi the turn o the year his position was secure eneuch for him tae caa a parliament. His enemies wer still oot there, but hiding. It was time tae formalise his kingship and the fecht for independence.

Kingship rests on micht and legitimacy and Bruce kennt the crucial importance o the parliament in confirming his legitimacy at hame and abroad. Scotland had mony potential freens, but only successful diplomacy coud harness them tae oor side. The business o parliaments distinguished the king frae the tyrant usurper. The Sanct Andras parliament o March 1309 decidit policy, established goals, and defined the position o Scotland as King Robert and his supporters saw it. There was nae question noo that maist o Scotland regardit him as their richtfu king. The international community, excepting those allied tae England, wer recognising him tae.

This parliament is also the first time that we find the argument that Balliol's kingship was illegitimate and unpopular. And that Balliol was picked bi King Edward ower the desire for auld Robert Bruce simply because he coud be controlled. Aa countries are composed o fiction and truths; this was the fiction that was at the hert o the Bruce kingship, encompassed bi the truth o Scotland's will tae be itsel.

Formalising his kingship and its connection tae Scotland's struggle for independence didnae mean that Bruce was high and dry. Bruce maun hae kennt that he was getting the upper haun, but he also kennt that his success was a fragile thing — yin piece o bad luck, a rash act, a change in English policy and the haill enterprise coud cam tummlin doun. There was hard fechtin still tae be done.

During this period Bruce increasingly tuik the war tae England. The Northern Counties wer regularly ravaged bi his armies — in cruelty against the innocent, the Scots sodger shawed himsel the shamefu equal o his English counterpairt.

Edward II cam back in person wi his army in 1310-11, but Bruce defeatit him bi the simple strategy o nae fechtin him. The English attempt tae reconquer Scotland turnt intae a pointless shaw o strength; a march through empty country wi hungry horses and grumbling, frustratit sodgers. The English army was too big and unweildy and oor country ower vast for the Scots tae be caught and forced intae battle.

At a cost equivalent o hunners o millions o pounds naething was achievit. But an important battle o sorts did tak place atween the armies and their leaders. This was the battle o minds. And Bruce, his generals and the ordinary sodgers wer beginning tae develop a deep and shair confidence.

It seems obvious tae us luikin back that guerilla warfare was the only wey for the Scots tae fecht the war. England was jist too strang and her armies too disciplined tae be met on the field o battle. Ye had tae yaise the land whaur their heavy cavalry coudnae operate, fecht at nicht tae neutralise the longbow, mak shair ye are at the edge o their ability tae supply themsels, deny them aa succour frae the land and its people. But ye coud find a million examples frae history whaur the obvious wasnae quite obvious eneuch!

It was Bruce's genius tae understaun how the war was tae be wan and tae plan it an carry it oot richt. It was a type o war whilk exploitit the fortitude and physical hardiness o oor ancestors — their ability tae accept an empty stomach, tae bed doun on a weet hillside wi jist yer plaid for shelter, their ability tae move quickly unencumbered bi baggage, tae nae complain. But the Scots had tae learn tae. As they had foun earlier, tae be a bonny fechter wasnae eneuch, ye need discipline tae be a guid sodger. Ye need tae keep yer heid cool while the blude is het.

Under Bruce, the impetuousness, the need tae get stuck richt in, that had lost them mony an encounter in the past, was tamed. In the seeven years leading tae Bannockburn they becam experienced. Their bravery was channelled, mair deliberate. And in those years they built up a deep comradeship atween themselves and their commanders and king. They had been through aathing thegither. This wasnae a 'them and us' army. They wer a band o brithers. It made them awesome.

And Bruce himsel, whit had he becam? In a hard army he was the hardest. Bruce was the first tae wade the moat, he was up wi the thickest o action, he coud gie a cruel judgement. And yet, despite his life o the sword, despite his losses o freen and faimly, he seems tae hae becam mair magnanimous wi time. Despite the fury o the campaigns, the relentless physical and mental pressure, the worry aboot his dochter and wife, he was able tae keep a level heid. Government and diplomatic activity proceeded in an orderly fashion.

How he was able tae cope wi the pressures, the constant uncertainty, and nae becam twistit wi bitterness, a tyrant even, is prufe o a deep well o decency in his character. It is this essential decency that maks him a hero. For the courage, the physical presence, the skill wi arms, the perseverence, the ambition, can be foun in ony number o bauld brigands. It is the speiritual sense, the restraint, that maks the hero.

We are neer tae ken the balance atween Bruce's desire for the throne as a personal ambition and how muckle a belief that it was his solemn duty but, either wey, Bruce certainly had tae earn it. And earn it like nae ither king had done. He mair than paid aff ony ambition he had. He deserves, even at this point, nae hauf wey through his kingship, tae be recognised as the hero king.

Stirling Castle was the thorn in the Scots flesh, a great symbol o England richt in the middle o the land. In seeven years o war the Scots had nae been able tae obtain its surrender. The commander o the garrison and Edward Bruce, the king's brither, reached an agreement in 1313 that the castle woud surrender tae the Scots if an English relief force hadnae arrived bi midsimmer 1314. Bruce was angry. The English woud noo be obliged tae send a relief army. Nae doobt, the tactic o avoidance woud ensure the Scots wernae defeatit but the English woud certainly recapture some o the castles the Scots had taen frae them and Scotland woud suffer frae their presence.

the king slays Henry de Bohun at Bannockburn

THE BATTLE O BANNOCKBURN

1314 stertit weel for the Scots.
It was tae finish better .

The year got aff tae a guid stert. Roxburgh and Edinburgh, twa o the maist important castles held bi England, wer captured within a month o each ither. The glory earnt bi these feats was great, for they wer considered impregnable. In common wi aa ither castles captured bi Bruce they wer destroyed; the Scots didnae need them and they didnae want the English tae regain use o them.

The Scots wernae the only yins busy at the beginning o the year. Edward II had been makin aa the preparations necessary tae form a grand army. The planning for this was much mair thorough than that o the pointless campaign o 1310-11. Edward II was determined that this time he woud destroy Bruce and finally settle the issue o Scotland.

The English army which mustered at Berwick on June 10th was awesome. The best estimates gie aboot twenty thoosan foot sodgers and archers and twa thoosan or mair heavy cavalry. It was a quality army wi state o the art equipment.

The knichts rade big braw horses bred for the battle's din. They wer covered wi chain-mail armour and made faceless wi solid bucket shaped helmets. And for their enemies they had an array o horrific weapons giein them the option o bludgeoning, hacking or stabbing ye tae daith. The foot sodgers wer pairt armoured and wi a spear or pole axe in addition tae their sword.

The archers wer armed wi a six foot lang yew wuid bow and had the skill and strength tae fire ten a minute. It was a formidible weapon that coud kill an unarmoured man oot tae twa hunner metres or mair; and the Scots infantry, we maun mind, wer largely unarmoured. The English yaised their archers massed intae divisions o thoosans. Ye can dae the arithmetic yersel. Say, five thoosan archers and a few minutes firing. Mair than onything, the Scots woud hae tae avoid or neutralise the archers — yince they got stertit the battle woud be ower. It was them that owerturnt the strang stert that Wallace's army had made at Falkirk and it was the sons an grandchildren o these men that woud ruin France ower the next thrie hunner years.

In addition tae the English, Welsh and Irish that ye woud expect tae mak up the force, there wer unkennt but nae insignificant numbers o Scots frae the Balliol/Comyn faction. And aa sorts frae the Continent; the cross-bow men for wham it was jist a job, the young glory seeking knichts and the scary yins whas motives are best left unsayd. It was an army that includit mony experienced commanders. It far exceedit in size and pooer onything the Scots coud bring against it. The king and his commanders wer confident o success, and richtly sae.

Their confidence was based nae jist on their military force. But on the simplification o the political situation in Scotland. The problem for the English in the past had been that they wer neer shair o wha wer their real supporters. And if they had defeatit aa their enemies. But, frae 1308 onwards, Bruce's very success had forced ilka-ane tae choose whas side they wer on. There wer few fence sitters in Scotland bi 1314.

Frae the English point o view, the closet traitours and faint herts wer revealed. King Edward kennt that if he destroyed Bruce and his supporters then he destroyed aa his enemies in Scotland. Tae him woud finally gae the glory o being the English king wha tamed Scotland.

The only thing the English feared was the Scots refusing tae dae battle and eluding them. For the elite forces, the knichts, whas lyffs wer dedicatit tae the glory o destroying their enemies, the thocht o missing their chance tae shaw the Scots wha wer the best woud hae been awfu. That the Scots woud stand and fecht at last maun hae been the subject o mony hopes and honest prayers. This eagerness tae get stuck intae the Scots, tae nae miss the big chance, perhaps played an important pairt in the battle's ootcam.

Frae Easter onwards the Scots tae wer makin their final preparations. It is clear frae the battle tae cam that they had been drilling and practising wi great diligence. Bruce was obviously preparing for the possibility o a battle, even though we ken he wasnae keen on yin. Indeed, the Scots hadnae focht a set piece battle since Falkirk, sixteen years earlier.

But, regardless o their experience in a set piece battle, they wer the best and toughest infantry in the warld at that time. Wha coud hae marched mair, roughed it mair or drew their sword in ernest mair aften? And they kennt for a fact that in their captains and their leaders, the king, his brither Edward, Thomas Randolph and James Douglas they had the bauldest and bravest.

The English army reached Edinburgh aroun the 19th. Bi the 22nd, a Saturday, they wer at Falkirk (or the Fa kirk as it then was) and ready for the final march north tae Stirling. Bruce and his forces wer jist tae the north o Falkirk in the wuids kennt as the Tor wuid. He had been gathering his army here for mair than a month. Before the English had arrived at Falkirk, Bruce's forces retreatit in front o them northwards alang the road atween Falkirk and Stirling. They rested and made their defences in a wuided area twa miles or sae south o the castle caaed the New Park. The haill area o the New Park was higher up than the surrounding countryside sae it was a naturally strang position. Eftir a climb the road frae Falkirk passed through it. Bruce blocked the road whaur it entered the trees. Tae narrow the attacking options o the English, Bruce had the area in front o the trees and on the sides o the road covered wi hidden pits and cruel metal spikes tae injure the horses.

On Sunday the 23nd the English set aff tae relieve the castle. Bruce was kept informed o the progress o the English bi scouts. Bi sometime in the eftirnoon the leading cavalry divisions o the English army wer approaching the New Park.

Noo the English kennt that the New Park was a guid defensive position but they had nae choice really aboot yaisin the road through it. On yin side o the New Park the grun was hilly wi trees, on the ither side the grun sloped doun tae fermland but made almaist as difficult for the miles o supply wagons bi the Bannockburn itsel, the Pelstream Burn, and some ither wee burns and boggy areas. They wer aware o the presence o an unkennt number o Scots in the wuid blocking the route. This knawledge they maun hae welcomed — it was why they wer in Scotland.

The leading elements o the English army split intae twa battle groups. Yin comprising o as muckle as five hunner mountit knichts was tae ride safely aroun the side o the New Park and rejine the road whaur it left the wuids. The ither group o cavalry went strecht for the Scots at the entry. They wer shair that their attack woud be irresistible and that the Scots woud flee through the wuids tae be met at the far end bi the ither English battle group. It woud be a nice end tae the day!

As the group makin for the entry drew closer tae the Scots, yin figure was seen oot in front o the Scots position, checking them and speaking tae the sodgers. It was Bruce himsel, recognisable bi his croun atap his helmet. He was riding on a wee Scots pony. A knicht at the very front o the English group, whilk had perhaps paused tae reform eftir the climb, recognised him. He was Sir Henry de Bohun, nephew tae yin o the army's commanders, the earl o Hereford. The prospect o killing Bruce, an enemy king, was a medieval knicht's idea o a dream cam true. Giein his horse the spur he went for Bruce wi his lance.

Bruce saw him camin. And turnt tae meet him, takin up his battle-axe. A square go! A haill kingdom, echt years o unremitting toil and suffering, the hopes o his country syne Dunbar, aa this was staked against a fecht he coud hae, and shoud hae, turnt awa frae.

But Bruce, in common wi aa heroes, had a bit o the wild man in him. And in those, whit, ten seconds? the wild man inside Bruce tuik charge. Wild, but calm tae. Bruce woud only hae time for some few special wirds tae that wee pony. They kennt each ither weel, man and beast. It kennt whit was happening. A wee whinny tellt Bruce it was ready. Bruce's kingdom rested on his ain and his horse's reflexes. The sound o the horse's hooves, Bruce's quiet wirds tae himsel and the absolute horror struck silence o aa the Scots. The timing had tae be jist perfect.

It was. A wee jouk tae the side, the lance and de Bohun went by. In that fraction o a second, when de Bohun hadnae even reined up, Bruce stood on the stirrups and brocht the axe doun on the knicht's helmet. The helmet burst open and sae did de Bohun's heid. In an erruption o blude, he was deid. The axe shaft was broken. Bruce was nearly forty and at the hecht o his pooers. I woud like tae ken that wee pony's name.

Bruce's division and the English cavalry then jined battle. This was the first clash, sae baith sides woud be determined tae get the better o their opponents. If the initial advantage lay wi the English cavalry and the sheer momentum o their charge, as sune as that charge was haltit they wer at a disadvantage for nae only did the trees provide a naturally strang defensive position but the booby traps spread in front o the Scots position limitit manouevre and reforming.

This fecht is unlikely tae hae lastit lang, but it woud be fierce. It becam clear though, that the English wernae gaein tae brek through. In disarray, wi injured men and injured horses, they retreatit back doun the road and intae their advancing comrades, causing mair confusion. The Scots stertit tae gie chase — this was exactly the situation that had lost them mony battles in the past. But their discipline had improved and they cam back when caaed.

Meanwhile, the ither English cavalry group foun itsel facing a large schiltrom under the command o Randolph. The Scots had cam oot o the wuids and wer on open grun. This was exactly whit the English cavalry wantit. The favourable location and their large numbers gave the English numerous possibilities for attack and it was a desperate fecht but they had nae success in brekin through the twelve foot lang spears and intae the schiltrom. Some even tried flinging their battle-axes and war-hammers at the Scots. The English maun hae felt that it was jist a question o time afore the Scots made a mistake or they forced an opening, and as sune as the opening was made then it woud be bath time for the Scots — blude bath time! It maun hae been a close thing, but it was the English wha made the mistakes and their force was split and forced tae flee. They had suffered heavily.

The day was getting on. It was obvious that the English army woudnae be able tae simply force its wey through tae Stirling castle that day. It was time tae think o a camp and wattir for the horses. Sae they camped aneath the Scots position in a restrictit area surroundit bi the burns. It was a bad site. But the English had got themsels intae a position whaur they had nae choice. It shawed bad planning. Fearing a nicht attack bi the Scots, the English had tae stand tae arms. The events o the day maun hae wore heavily on their minds. The glaur o the burn sides churned bi the hooves woud hae turnt aa the camp intae a clarty mess. It maun hae been an uncomfortable nicht. But in the morn they woud put it richt.

Morale coudnae hae been better in the Scots camp. Twa significant victories and their king's stunning example. Neertheless, Bruce still wasnae certain o a big set piece in the morn. They still had time tae retreat tae the safety o the Lennox hills. Bruce gied his men the choice. They wer for the fechtin.

Bruce realised that bi ony reckoning his army stood nae chance. Seeven thoosan men cannae beat thrie times that number. Further, the Scots had nae answer tae the combined use o archer and cavalry. Their only hope lay in daein something surprising and yaisin the terrain tae their advantage. O aa the places in Scotland tae camp, the yin whaur the English wer noo probably gied the best eer chance tae the Scots.

The English camp was surroundit on thrie sides bi wattir and the banks o the burns themsels wer either very steep or glaur and dubs. If, insteid o waiting for the English cavalry, the Scots attacked them first, they coud force them back and trap them as if in a bottle.

But it was a big if. For a stert, the numbers wer massively stacked against the Scots. And then, although there wer men there wha had been wi Wallace at Stirling Brig and Falkirk aa these years ago, for maist this sort o battle was entirely new. Mair than onything it dependit on the sort o discipline that doesnae cam easily tae Scots. Finally, there was the fechtin quality o the Englishmen tae bear in mind. Even when trapped they had whit it taks tae fecht their wey oot. They wer iron men in twa senses. The days o joking aboot cutting aff the tails o the English wer lang gane. They had learnt the Scots ower mony sair lessons for the Scots tae underestimate them.

The sun was barely risen that simmer's morn when the Scots wer ready for it. Bruce had already visitit ilka o the divisions, nae jist as their commanding officer but as their king, chief and brither in arms. His wirds woud be for them alane. They had brekfast, heard mass, sayd their prayers, commendit their souls tae God. Some micht hae kissed the wee siller casket, noo kennt as the Monymusk reliquary, that held some remains o Sanct Columba.

They had formed intae fower battle groups or schiltroms. Bruce's ain group was in the reserve. A force o licht cavalry, some five hunner strang, under the command o Sir Robert Keith was kept back as wer a few thoosan ither sodgers, usually kennt as the sma fowk — these woud hae been late arrivals or men less weel trained or armed.

Bruce sayd his last wirds tae his men. They tichtened their helmets again, picked up their spears, luiked tae their comrades, 'Let's dae it'. Thrie schiltroms, wi a combined total o aboot fower thoosan set aff for the English lines. They wer commandit bi Edward Bruce, Randolph and Douglas. Naebody kens noo how these groups wer organised and commandit. Common sense tells ye that withoot lang and hard training, sae mony men jist marching wi spears and bare axes woud be a useless rabble that woud only be a menace tae themsels.

They had mony banners. We woud recognise oor ain Saltire and the Lion Rampant. And Bruce? He was haudin back tae command the haill operation. Whateer he believed himsel tae be, whateer he wantit and felt was his duty, then it was here put tae the test. And whit a test! He had had echt years o struggle and here it was brocht tae the edge o total failure. In reality, as his men marched towards the English lines, the destruction o his kingship, his country's liberty, his ain and his followers lives was only a moment awa. But Bruce radiated victory and his men felt it.

It seems as if the thrie groups wer basically side bi side, wi Edward Bruce's group slichtly aheid o the ithers. The English woud hae been gey surprised tae see the Scots advancing on them. They wer expecting the Scots tae be waiting defensively. Their brekfast ruined, the English readied themsels. Then, when the Scots wer perhpas twa hunner metres awa they haltit and knelt in final prayer, ilka man asking his favourite sanct tae mind his faimly. At this the English king apparently thocht that they wer involved in some giant ritual o surrender tae him. He sune foun oot itherwise!

Then the arras stertit tae fly atween the twa armies. This was jist a prelude tae the main action, the charge o the English heavy cavalry. Led bi the earl o Gloucester, they attacked ower the short space o grun atween the armies. The earth shook.

Cam on, cam on, cam on, cam on . . . and then the craaaaash! Metal on metal, metal on flesh, broken wuid, the thud o horse and rider on the grun, men's cries. Does a spear running through somebody's chainmail mak a noise? If, at that point the spearmen had been broken and the cavalry had burst intae the schiltroms, Bruce's cause was gane. But the Scots held and the knichts wer smashed on the waa o spears.

There was nae room tae reform. The Scots wer pressing forrit, the English wer killt or pushed back ontae their comrades. The injured horses stertit running aboot blawin froth. The English at the front coudnae stop the spears pushing on them, the yins ahint them foun ilka direction blocked. They had nae room tae fecht or retreat but wer pushed aboot helplessly bi the sheer mass o aa the bodies. As the Scots pressed ever forrit gaining mair grun, the yins at the very back wer pressed richt aff the field and intae the wattir and then ithers landit on tap o them.

It was a crazy situation. The English sodgers at the front didnae hae room tae swing a sword, the yins at the back wer getting crushed under horses, injured on their ain weapons. The very size o the English army was its undaein. At the front the Scots wer killing it layer bi layer, at the back it was crushing itself tae daith.

The Bannockburn and the Pelstream burn wer tidal and deep and wide wi gey steep banks in places. The option o lowpin ower it and camin roun the flank didnae exist. As aa thrie Scots divisions wer fechtin side bi side they had bottled the English in a trap. The English needit tae get sodgers tae attack the Scots flanks. But for some reason the mass o the English infantry wasnae able tae. Perhaps some wer trapped ahint the English cavalry. And ithers had camped somewhaur else and wer preventit frae crossing the burns and jinin the battle. But a body o archers did get roun tae the Scottish flanks and stertit fire that threatened tae owerturn the wey the battle was gaein.

At this point Bruce caaed his cavalry. The archers, nae haein the protection o a counter-attack bi the English cavalry, wer rade doun. Their formation was completely broken. The yins that wernae killt, fled. The trapped English cavalry and infantry noo had nae hope o rescue — their only hope lay in giein better than they got and gradually hacking their wey free.

Like mony medieval battles, for aa the planning and generalship involved, they eventually becam hacking matches — the tools o the trade, battle-axes, spears, massive clubs wi fearsome pointed studs, twa handit cleavers, hammers, dirks, swords, vicious flails wi innocent names, gigantic Danish axes. It was a close thing. But slowly, in the bludy hell o that front o battle, wi severed limbs, heids rolling aboot underfoot, whaur men wer made unrecognisable in an instant, wi blude seeping through chain-mail, cascading doun faces, wi cross-bow bolts sticking oot o een, in that place the Scots wer beginning tae prevail.

Bruce sent his ain division forrit. And then, as the English failed, he sent for the sma fowk. This was exactly the point whaur their fearlessness and lack o discipline woud be usefu. At this point Bruce's entire army was fechtin. Ilka-ane that wantit tae and was able tae fecht for Bruce and Scotland was there.

There is something indescribably heroic aboot that moment — but only if ye are Scottish. The English sodgers didnae feel that wey. They had lost. Edward II, much against his inclination, was led frae the field. His capture or daith woud be a calamity ayont imagination. His bodyguard was five hunner strang. Even sae, the Scots nearly caught him and he had lost a horse afore he reached safety.

The English army, seeing their king flee for his

lyff, lost hert. Mony wer able tae flee but maist wer killt. A massacre was a fairly typical end tae a battle then. Scotland had wan a maist glorious victory.

Edward II rade for his life aa the wey tae Dunbar. Although, in truth, yince he had left the battle scene he was in nae great risk. His bodyguard was too strang tae be seriously challenged bi the sma pursuing force o cavalry under Douglas. Yince at Dunbar he quickly tuik a boat tae England. It was a humiliating end tae his campaign.

Ower the days that followed the stragglers frae the English army wer chopped and battered tae daith bi the Scots wheneer they got the chance. Mony prisoners wer captured eftir the battle. The fates o the common sodgers is unkennt. Bruce was magnanimous in victory and the Scots bi nature are nae an especially blude-thirsty race. Mibbe some arrangement was made and they kept their lyff, perhaps nae. The wealthier prisoners wer ransomed. The haul o sic prisoners was increased bi the decision o a Scots lord, previously on the side o the English, tae cam ower tae Bruce eftir he had admitit a pairty o English nobles tae the safety o his castle. Includit in the pairty betrayed and captured was yin o England's maist wealthy and pooerfu barons, the earl o Hereford. The captured barons and commanders wer worth their wecht in gowd.

Bannockburn, 23rd and 24th June, 1314.

BRUCE'S KINGSHIP

Although they are aye passed
ower quickly, the days eftir
Bannockburn proved Bruce a
great king.

It is impossible for a Scot tae write a biography o Bruce
that does justice tae the fifteen years o kingship eftir
Bannockburn. And nae jist Bruce but his generals,
his armies and the haill Scottish natioun. The victory
at Bannockburn looms sae large in oor minds, that
everything else, ilka ither achievement and event that
follows seems insignificant.

This sense is partly true and partly fause. True in that muckle o oor interest in Bruce's story is connectit tae oor need tae find oor destiny as an independent people assured, and eftir Bannockburn it was assured. Fause in that the best and worse was still tae cam.

In reality, Bannockburn wasnae the triumphant conclusion we feel it shoud be — and mony think it was. This is nae tae dounplay oor ancestors' achievement at Bannockburn. Withoot question it was yin o history's great liberation battles, a triumph o brains and courage ower arrogant micht. But even though it was a significant victory for Scotland, it wasnae in the lang run a significant defeat for England.

England was a warld class pooer, it coud absorb a defeat like Bannockburn. King Robert, probably mair than ony ither Scot, woud be aware o the great disparity o wealth atween the twa countries. He kennt that he woud hae tae keep the pressure on. The destructive stalemate continued but wi yin difference — Scotland's will tae be free o England had becam indestructible. Oor independence was a diamond.

The victory at Bannockburn brocht mony immediate benefits. The first was that the few remaining barons wha had kept an allegience tae the English either transferred it tae Bruce or left. The money, weapons and gear captured wer o enormous value. The prisoners captured brocht in anither fortune. Ither prisoners wer swopped for Scots held in England. Bruce's wife, dochter, sister and auld bishop Wishart, amang ithers, wer returnt tae Scotland in a swop deal. The total failure o the English in 1314 ruled oot the prospect o an English invasion for some time. And the north o England was defenceless. The Scots set aboot destroying it.

Savage raids intae the north o England wer tae becam a policy o Bruce. Revenge was only yin motive for these attacks. The ither was economic necessity. Mony English burghs, churches and private citizens prefered tae pey the Scots protection money. This quickly becam a business and a major source o revenue throughoot Bruce's reign, excepting some years whaur truces had been arrangit.

The Scots forays intae England wer on occasion resistit but aye unsuccessfully. For Scotland had becam a war machine. Her sodgers withoot equal. Her armies under the leadership o Randolph and Douglas – and sometimes the king himsel – won mony victories. But set piece battles wi superior English forces wer avoidit wi a religious observance. Ambushes, retaliatory attacks, commando raids, evasions and tricks, these wer tae be the tactics o the Scots. It was a time whilk bred obituaries. And there was nocht the English coud dae aboot it. Edward II cam back in 1319 an 1322 but in baith cases his invasions wer failures. The Scots simply refused tae fecht the superior English forces and carried oot cunning counter-punches. It was a muckle blaw tae Edward II's prestige and finances.

But if England lacked ideas for subjugating Scotland, they certainly didnae lack the will tae keep trying. Bruce made mony attempts at a final peace. His demands wer modest: England recognise his kingship and Scotland's absolute independence frae England; and shoud cease aa plots and intrigues. But King Edward woudnae budge. In some weys he was trapped bi the legacy o his faither, bi the people's will wha naturally saw the Scots as treacherous inferiors that needit pit doun, trapped bi the attitudes o their age.

Neither coud warfare and destruction bring the English tae seriously discuss a peace. For the depredations wer happening in the north o England. In the south, where political pooer lay, they wer safe in their beds at nicht. Their cattle wernae being driven aff, their barns fired. They didnae hae Scots creeping roun their hooses at nicht and dirkin the dugs. The war, ye see, was popular. Fechtin the Scots — and the Irish and Welsh and French — was whit the English did. That's what made them Englishmen.

Bruce's attempts tae strengthen Scotland's position didnae jist involve invasions o England. The Scots widened the war against England bi takin pairt in a thrie year campaign in Ireland intendit tae help the Irish expell the English. For the cautious Bruce tae commit himsel and his armies tae sic a large and potentially disastrous adventure he maun hae had mony reasons. There are some gruns for believing that pairt o the reason was tae get his fireball brither, Edward, oot o the wey for a while.

Some hae suggestit that Bruce hoped tae build a 'Celtic cousins' alliance against England but Bruce woud hae kennt that the feuds and boiling hatreds gaein back tae Biblical times made sic hopes foolish. Probably Bruce wasnae expecting muckle mair than that the presence o a successfu Scots army woud boost the confidence o the Irish tae march against the English and onything that increased England's problems helped Scotland.

Certainly it did this. Edward Bruce had much success at first. But Ireland was a country that woud frustrate ony hopes. And eventually the Scots presence there hardly seemed different frae ony ither oppressor. Edward Bruce was killt in battle in 1318. Scottish plans wer finished.

Edward Bruce deid as he woud hae wished, wi a sword in his haun and fearless in the face o his enemies. The knawledge o this woud mibbe be the only comfort for the king. Bruce ambitions and Scotland's needs had seen aff the last o his brithers. Forgetting aathing else for a moment and jist thinking o Bruce as a man and a big brither yer hert maun gae oot tae him. Kennin that he maun be in that lonely place whaur his kingdom woud seem a puir reward for fower deid boys, Neil, Thomas, Alexander and, finally the seemingly indestructible, Edward.

Scotland's greatest successes during this period wer in the area o diplomacy and international relations, the war o wirds. The church in particular deserves the credit for convincingly arguing for baith the legitimacy o Bruce's kingship and the independence o Scotland — and this was nae mean feat when we bear in mind that Bruce stertit his bid for the throne wi a murder on an altar!

But this war o wirds wasnae jist aboot wirds, for it directly connectit tae freenly political contact and trade — trade wi European neebours had becam mair important noo that Scotland had lost England, her naturally biggest trading partner.

Bi 1320 Scotland had re-established muckle o her trade, Bruce's kingship was seen as legitimate and Bruce himsel had earned the reputation as a great warrior king. Scotland's cause was universally regardit as just, wi the Scots themsels earning admiration for their willingness tae defend their land and liberty. If we consider the precarious position Scotland woud hae been in if English propaganda had been successfu we can appreciate the achievement.

The Vatican though, was slow tae recognise Bruce. This was pairtly due tae English pressure and pairtly tae Bruce's sacriligious murder o Comyn. Eventually the Vatican had tae contend wi the reality o Bruce's kingship and his title was recognised in 1324. The excommunication was slower tae be liftit — this maun hae really bore doun on his mind as he neared his end. But finally in 1328, eftir the peace wi England, this tae was liftit.

Peace and recognition woud only cam oot o a great political crisis in England. In some weys Edward II's reign had been yin lang crisis and there wer a couple o occasions whaur he nearly lost his throne tae his ain barons. But eventually it happenened. The king was deposed in a coup and replaced bi his young son, Edward III, early in 1327. Bi autumn he was deid, murdered bi the conspirators.

Bi the time o his daith his son had been made king, and anither war wi Scotland was underwey. Anither enormous army o twenty odd thoosan was mustered. The young king and his advisers wer determined tae stert the reign wi the victory that had eludit his faither. Yince mair Bruce ootsmartit the English. Their army was beset bi supply problems and bad weather turnt it intae a dejectit, hungry rabble. Bi the time it was disbandit Bruce's forces had already carried oot retaliatory raids and, in a daring commando attack, almaist captured the young king himsel.

The prospect o renewing the war against Scotland was oot o the question for some time, pairtly for financial reasons and pairtly due tae the political insecurity o the young king and his advisors. Bruce was still in the north o England but this time, sae the English wer led tae believe, wi the intention o annexing it tae Scotland. It was time for peace. Defeat in war and political instabilty had brocht England tae the negotiating table. This time seriously.

Peace negotiations stertit in October. Bruce's sense o satisfaction wi this, wi his life's wark, maun hae been lessened bi the daith o his wife, Queen Elizabeth. He was also seriously ill for much o this time. The peace treaty, kennt as the Treaty o Edinburgh, was ratified in March 1328.

Bruce achievit his main aims — the recognition o his kingship and Scotland's total independence frae England. Further, it wasnae longer possible tae haud land in the twa kingdoms. Bruce was aye preparit, richt tae the end, tae forgie and forget and return estates tae auld opponents sae lang as they gied up their allegience tae England and swore tae be subjects o the Scottish king. Bruce's son, David, was betrothed tae King Edward's sister Joan — the mairriage woud hopefully lead tae the re-establishment o freenly ties atween the twa countries.

Bi the end o the year Bruce was near the end and was aften sae weak that he coud hardly talk and had tae be carried aroun. Naebody kens for shair whit he was suffering frae. It yaised tae be thocht o as leprosy but was perhaps scurvy or malaria, compoundit bi some ither condition.

Bi the turn o the year Bruce's thochts wer wi God. In February he made, whit for him then, was a lang and painfu pilgrimage tae Whithorn, tae the shrine o Sanct Ninian — wha was the first tae bring

Christianity tae Scotland and whas church was at the site o Bannockburn. Bruce obviously had a special relationship wi him.

As his life drew tae a close Bruce woud hae foun himsel drawn mair and mair tae the warks o God. It woud be here that he woud find delicht and some release frae pain — clouds scudding through the sky, the souch camin aff the sea, the scents in the gairden, birdsang, the chatter o his hoosehold, a bairn's smile, the gloamin. It was here, at the end, as he preparit tae meet his maker, that he woud hae searched again for his purpose. The pain and suffering, the deid freen and foe alike, Bruce woud hae naewhaur tae tak the thocht o his past, wi the broken herts and broken bodies, the twistit lyffs, the widows and faitherless bairns, the brithers and wives and wee lassies and youths, the glorious careers ruined foreer wi the swing o an axe, the smile wiped aff fate's face wi a arra in the ee socket.

Luikin back ower the tragedy o his life — for sic it was — he coud only find meaning an solace in duty and God's will, duty tae his people and their land. He woud ask God tae forgie him for the suffering he had visitit on sae mony. He woud pray tae God tae gie him the courage, yin last time, when that moment cam, tae meet it wi dignity and a licht hert.

Bruce deid on 7th June, 1329. He was only fifty fower. The king's daith was the cause o a great lamenting in Scotland. Afore he deid he asked that

Bruce wi God

his hert be taen on a crusade — this was something he aye wantit tae dae.

The king was buried in Dunfermline Abbey and his hert was taken on crusade bi yin o his greatest generals, Douglas. A year wasnae oot when Douglas died as he had lived, in battle. Bruce's hert was in a wee casket hung frae his neck. The king's hert was brocht back and buried at Melrose Abbey.

Oor King

In seeven hunner years Bruce
hasnae been forgotten.

Bruce deid as guid King Robert, the hero king. He
had ootfocht and ootsmartit a ferocious and implac-
able foe and against aa the odds had secured his
country's liberty. The country was at peace wi itsel
and its enemy. Prosperity was shairly tae follow. It
maun hae seemed like the perfect ending tae the
mythic tale whilk Bruce's story aften seems tae be.

In reality muckle o the stability that Bruce achievit
was an illusion held thegither bi his will. Ahint the
illusion was England and her new king, made resentfu

bi their failure. And a pooerfu group o Scots and English, kennt as 'the dispossessed', wha had lost land and position in Scotland. There was jist ower much bad blude aboot tae mak peace a lang term possibility. Wi Bruce deid the relationship atween Scotland and England quickly revertit tae type. Bi 1333 Scotland was yince mair fechtin for her survival against England.

In fact, for ower the next thrie centuries Scotland was tae be mair or less constantly at war wi England. But although Scotland's position was aye precarious, an the country suffered mony disastrous military setbacks, the country was aye able tae tak hert frae the glory days o Bruce.

The memory o Wallace and Bruce micht seem o little comfort wi an English army scorching its wey aroun the country. But aa wars are focht in the minds o the combatants as weel as on the battlefield. The knawledge o earlier successes is crucial in imparting confidence. In aa the years o warfare eftir Bruce oor ancestors coud face the English as a people unbroken bi their enemy. There was a certainty that Scotland coud cam back frae ony knock doun, that nae maitter how bad things seemed, Scotland woud eventually prevail. They had done it afore and woud dae it again. They kennt that Scotland's will tae be free was a diamond; it coudnae be broken.

That diamond was in the herts o oor ancestors afore oor story here but it was Wallace that picked it up and Bruce that pit the shine on it. Scotland was lucky in that twice in a generation it foun the sort o leaders that turn up yince in a thoosan years.

But if we find muckle tae admire in oor ancestors, and in Bruce oor greatest captain, we maun also mind that there is muckle tae lament. It is only us that gies the war its heroic form. At the personal level, whaur oor ancestors lived it, it was stupid and sadistic. A squalid shambles whaur the losers wernae limitit tae the invalids reduced tae beggary, the faces twistit sideweys wi ten inch lang scars, the parents whas children wer brutally done, but ilka-ane. Victor and vanquished alike was a loser.

Eftir Bruce's daith the constant threat o war wi England ruined oor economic development. Guid land was lost, oor sporrans emptied for munitions. The necessary organisation o oor society for war perhaps twistit oor character a bit, makin us carry forrit tae oor ain times the pricklyness and quickness tae blame England that oor ancestors developed. Ilka war wi England added a fresh supply o bitterness tae the common stock. Even today the poison frae those days hasnae run its coorse.

Scotland's survival wasnae achievit jist be heroism, there wer twa ither factors helping us. Yin was the disorder aa the wey through King Edward II's reign. Anither, the uncertainty in English policy — wer they in Scotland tae conquer the land for England or tae punish rebels? Eftir Bannockburn the English settled on a policy o punishment or, tae be mair exact, destruction. And in this Scotland was saved bi being jist too big and wild. For aa England's wealth and pooer, the destruction o Scotland was jist ayont its reach.

But if England's ambitions wer limitit bi Scotland's geography and her will, Scotland's hopes wer limitit by her poverty and sma population. Eftir Bruce the Scots wer neer again able tae dominate the north o England. Aa we coud dae was resist. England hersel was already in the process o becamin the awesome imperial engine that woud win hauf the warld. Winning against England in ony grand sense was oot o the question. And yet, in crisis eftir crisis, oor ancestors' will tae resist was neer reduced. In the end it was nae defeat which lost Scotland, but politics.

And Bruce, what can we say when we luik back ower oor story? We hae tae lament the lack o onything that lets us see the man, the lover, the husband, the brither, the faither and freen. We are neer tae ken the value that Bruce placed on ordinary ambitions or the pleasures o a cuddle frae his wee dochter, but the sense I feel that ye get is o a man quite unlike the war machine we hae portrayit here.

That Bruce was a war machine is true but he was only yin because he had tae be. The winning o the kingdom wasnae a game for wimps. He had tae afftimes pit aside the ither sides o his personality and becam the complete sodger, in tune wi the dark forces.

This leads us tae consider whit I believe tae be Bruce's greatest achievement as a man and a king. This was that he remained true tae his decent side. Despite the daiths and disappointments, the relentless grinding uncertainty, the need tae be hard, despite aa the lyff- poisoning events, Bruce remained fair mindit, generous and reasonable. This is weel attestit tae.

He wasnae owerwhelmed bi paranoia and revenge. He didnae becam twistit. Indeed, the king's personality becam a sort o gift tae his people. For the memory o the king's character and style o kingship was o great importance in the middle ages. The business o government woud eventually be forgotten but the king's example coud set standards, be a role model and a source o pride. Aabody woud claim some sort o kinship wi Bruce, oor king, the hero.

But we maun mind that Bruce wasnae the only hero o oor tale. For Bruce's story is Scotland's story and Scotland's story is oor ancestors' story. They foun themsels in the maist protractit struggle for national survival in early Europe. It was a struggle that demonstratit mony sorts o courage, frae the fiery bravery o young men tae the deep spiritual resolve o their grannies.

Oor ancestors wernae a simple mindit fowk existing in an ane-dimensional warld o warfare and sacrifice. And it woud only be true tae say that they woud mibbe hae mony reasons for daein whit they did, but it doesnae lessen their courage bi admiting this. They wer real people and as sic had ither concerns, fears, hopes, obligations that didnae fit easily wi the needs o their king and country.

But the important thing is that abune the cacaphony o competing obligations yin stood clear. This was the duty tae their country, its liberty, tae the memory o their ancestors that had made Scotland and tae us, their children, in an unimaginable future.

Caa it whit ye want, but they wer the yins that sayd naw tae King Edward and ay tae King Robert. They wer the yins that stood wi Wallace under the withering storm o arras at Falkirk, that pushed the English frae the field at Bannockburn, that resistit on the point o a spear, England's ambitions for them. In aa oor talk o armies and campaigns we can forget that whit it cam doun tae was individual acts o courage and despair. That we are whit we are — for guid or ill — is due tae their courage.

In 1306 Scotland had tae be reborn. Reborn o heroism, baptised bi blude. And Bruce, oor king, was the mid-wife.

GLOSSARY

aa	*all*	dirk	*large knife*
aabody	*everybody*	dochter	*daughter*
abune	*above*	dubs	*muddy pools*
ahint	*behind*		
ane	*one*		
arra	*arrow*	echt	*eight*
ayont	*beyond*	ee(n)	*eye(s)*
		eneuch	*enough*
bairns	*children*	erms	*arms*
bauld	*bold*		
blaw	*blow*	fa kirk	*speckled kirk*
blude	*blood*		
brocht	*brought*	fause	*false*
buke	*book*	fecht	*fight*
		ferm toun	*farm town*
caa	*call*	forgie	*forgive*
cam	*came*	forrit	*forward*
canny	*careful*	foun	*found*
chib	*strike*	fower	*four*
clarty	*sticky*	fowk	*folk*
collops	*pieces of meat*	freen	*friend*
croun	*crown*	gey	*very*

gie	*give*	luik	*look*
girn	*complain*	micht	*might*
gloamin	*sunset*	maister	*master*
glaur	*mud*	maun	*must*
gowd	*gold*	mirk	*dark*
grun	*ground*	mony	*many*
guid	*good*	muckle	*much /*
			many
haill	*whole*	muir	*moor*
haun	*hand*		
het	*hot*	nocht	*nothing*
hird	*followers*		
hunner	*hundred*	oor	*our*
		ower	*over*
ilka(ane)	*each / every*		
	one	prufe	*proof*
		puir	*poor*
jile	*jail*		
jouk	*dodge*	richtfu	*rightful*
ken(nt)	*know(knew)*		
knawledge	*knowledge*	sanct	*saint*
		sarry	*sorry*
laird	*landowner*	schiltroms	*massed*
lee	*leave*		*spearmen*
leid	*language*	schule	*school*
licht	*light*	seik	*sick*
looed	*loved*	shair(ly)	*sure(ly)*
lowp	*leap*	sic	*such*
ludgit	*lodged*	siller	*silver*

simmer	*summer*	tuik	*took*
souch	*sound of the wind*	twa	*two*
		wark	*work*
speirit	*spirit*	weans	*children*
strecht	*straight*	wecht	*weight*
sune	*soon*	weel	*well*
syne	*since*	whaur	*where*
		whilk	*which*
tak tent	*pay attention*	wuids	*woods*
thegither	*together*	yaise	*use*
thrawn	*obstinate*	yaird	*yard*
thrie	*three*	yince	*once*
thocht	*thought*		

Other books in the Scots Legends Series

William Wallace — a Scots life

Planned future titles include

Macbeth
Mary of Guise
Fanny Wright
and other figures from contemporary Scotland